与最聪明的人共同进化

湛庐 CHEERS

HERE COMES EVERYBODY

让孩子去野

Balanced and Barefoot

［美］安吉拉·J. 汉斯科姆 著

（Angela J. Hanscom）

乔迪 译

中国纺织出版社有限公司

关于带孩子在户外玩耍，你了解多少？

扫码激活这本书
获取你的专属福利

扫码获取
全部测试题及答案，
让孩子通过户外玩耍
获得平衡人生。

- 当孩子们在户外做游戏时，成年人在一旁指导，能帮助他们提升创造力和协作力，这个说法对吗？

  A. 对　　　　　　　　　B. 错

- 当孩子感到无聊时，以下说法正确的是：

  A. 几个孩子在一起没事做就会吵架，把大人气疯

  B. 大人就要在课后多给孩子安排结构化运动

  C. 孩子就不想再从新视角观察周围事物了

  D. 孩子会思考如何克服无聊，想出有创意的点子

- 为了避免孩子受到严重伤害，父母应该怎么做？

  A. 禁止孩子进行旋转类活动，避免孩子头晕摔倒

  B. 监督孩子玩耍

  C. 不让孩子自己在户外瞎玩

  D. 在孩子玩耍时后退一步，让孩子学习评估风险

让孩子获得平衡人生

这十多年来，美国出现了一项"新自然运动"。这项运动特别注重"自然"这一要素对儿童身心健康的有益之处，强调在自然游戏中培养儿童的学习能力及创造能力。这项运动的科学依据越来越充分，几乎所有依据都证明了户外玩耍对孩子的身心健康有重要的积极作用。

这项运动兴起之后，越来越多的父母愿意把孩子带到户外去。北美地区乃至世界各地都在开展这项运动，美国很多城市的市长也都在提供支持。在教育领域，教师们正在创建学校园地，推行亲近自然的教学。心理健康专家们也在自己的诊疗实践中加入了自然治疗方案。在医疗保健领域，越来越多的儿科医生开始要求父母安排孩子出去与大自然亲密接触。

本书的作者安吉拉·J. 汉斯科姆（Angela J. Hanscom）是一位儿科作

业治疗师①。她在书中积极倡导户外玩耍，认为户外玩耍有助于儿童形成真正身心平衡的童年。她的想法完全正确。她并不是说户外玩耍能包治百病，也不是说户外玩耍可以替代其他治疗手段。她是在实践中通过大量数据发现，**户外玩耍可以成为儿科疾病预防和治疗中的强力一环**。而对某些孩子来讲，这一环能让他们的人生不一样。汉斯科姆指出，现今社会中，有太多孩子错过了教室和家庭之外丰富的感官体验。其实，风险可控、独立自由和富有想象力的户外游戏，不仅有益于孩子的身体健康，还有助于孩子形成自主意识。

对许多父母和老师来说，让孩子到户外去活动并没有想象中那样简单。现代人对陌生人的恐惧，城市游乐设施的不完备，没有方便去玩的公园，电子设备占据了孩子大部分时间……所有这些障碍确实存在。因此，本书为父母和老师提供了有针对性的建议，以帮助他们克服这些障碍。对儿科医生、儿科作业治疗师、建筑师和游戏空间设计者等人来说，本书也提供了很多实用的建议。最重要的是，汉斯科姆的这本书真的可以帮助孩子全面成长，建立平衡人生。

理查德·洛夫
《林间最后的小孩》的作者

---

①儿科作业治疗师，即指导儿童通过进行有目的的活动，改善或恢复生活和学习能力的康复医学专业人士。——编者注

去户外玩耍

一天，我在树林里生火，周围是孩子们欢快的叫声，他们正沉浸在自由玩耍之中。应该说是大部分人沉浸其中，只有一个小女孩例外。在我给孩子们烤饼干时，她向我走来抱怨道："太无聊了。"我环顾四周，看到有几个孩子在泥塘里抓青蛙，几个正在用树枝和塑料布搭起堡垒，还有几个蹲在角落里埋头玩着游戏。"接下来要做什么？"她问。我的目光转回到面前的小女孩身上。她只有 6 岁，小手叉在腰间站在我面前。"现在是自由玩耍时间，"我没多想，脱口而出，"没有计划表。"

"什么？"小女孩瞪大眼睛盯着我，"我妈妈花钱，就是让你来逗我开心的！"她参加的 TimberNook 是一个以自然环境为依托的儿童发展项目，并不是做儿童娱乐生意的机构。我们因独到的活动设计和颇有成效的疗愈效果被全世界的同行称道。当初我成立 TimberNook，就是为了解决我在很多孩子身上发现的感觉统合问题。作为一名儿科作业治疗师，我收治了很多幼年时便出现反常行为的儿童，而这样的儿童数量在逐年增长。他们有的忍受不了吹在脸上的风，有的平衡能力不好，有的肢体不协调，有的容易在新环境中沮丧、哭泣……这些年来，无论病患数量还是患病种类，都让我十分吃惊。

我的职业敏感性告诉我，大量的运动是防治这些问题的关键。同时根据我个人的研究，结合我在生活里的发现，主动自由玩耍，尤其是户外玩耍，绝对是父母、老师和其他幼儿看护者能够给予孩子的最佳礼物，能够确保孩子身体健康、头脑灵活，在学业上取得更好的成绩，拥有更稳定的情绪，也能充分培养他们的社交能力。

可能你认识一些不能自己玩耍，无法在没人组织的情况下自由玩耍的孩子。又或者你的孩子过于活跃，无法在学校集中注意力。还有可能老师经常对你说孩子注意力不集中，或者学校想测试你的孩子是否有发育迟缓或发育障碍的情况。本书可以解决你的困惑。

如果老师对你讲，你那在家里可爱又体贴的孩子在学校组织的集体游戏中却猛推别人；又或者你的孩子总是自己转圈圈，或笨手笨脚撞倒东西，经常惹麻烦；再或者你的孩子总是担心这担心那，在新环境中容易感到沮丧。那么，你不是唯一遇到这类情况的父母。很多儿童存在上述问题，且数量十分惊人。在世界各地，越来越多的父母和老师都表示，孩子们会从椅子上摔下来，攻击性越来越强，总感到挫败，注意力不能集中，更容易焦虑，玩创造性游戏的时间越来越少。出现这些问题的原因可能是儿童的感觉系统和运动技能没有发育好，让他们在学习时准备不足，在日常生活和社交场合中不堪重负。感觉系统和运动技能发育受损也正在成为公众关注的常见病症。

幸运的是，我们还可以补救！通过让孩子在大自然中自由独立地玩耍，可以解决并预防上述问题。本书会告诉你该如何做。

在自然中玩耍为何有助于儿童健康发育

主动的户外自由活动能够促进儿童的感觉系统和运动技能的健康发展。在你太忙而没时间管孩子的时候，在你陪孩子玩到焦头烂额的时候，让孩子到户外主动自由玩耍，可以避免他们花上几小时坐在室内盯着屏幕，也会让你更享受为人父母的时光。户外活动能够唤醒心灵，让人恢复活力，让所有感觉系统都参与到活动中去。

在大自然中，孩子会学习承担风险、克服恐惧、结交朋友、调节情绪，还能创造出想象的世界。 成年人每天都要给孩子时间和空间在户外玩耍，给予他们信任和自由，让他们尝试新的想法和游戏计划。

在本书里，我将讲解户外游戏对儿童成长发育的重要治疗作用，还将提供多种方式帮助你通过户外游戏促进儿童的健康发展。我坚信，引导孩子进行户外玩耍的科学方法既可以在学校教学中应用，也可以作为家庭教育的指导。如果孩子每天都有机会在户外自由玩耍，那么他在学校和家庭中都会表现得更加强壮、自信又有能力。

本书能带来什么

本书主要为父母而写。如果你拿起了这本书，那么你可能正在为孩子身上发生的事情感到焦虑不安、无所适从、困惑不已或筋疲力尽。不要放弃，你可以帮助孩子改变现状！在本书的第 1 章里，我列出了城市孩子可能发生的一些变化，比如，越来越多的孩子被诊断为注意缺陷多动障碍（attention deficit hyperactivity disorder, ADHD），再比如，越来越多的孩子容易跌倒受伤，等等。第 2 章里，我详细分析了为什么越来越多的孩子会出现感觉系统问题，如难以忍受别人的触碰，难以忍受巨大噪声，注意力难以集中，以及其他许多让人十分担忧的问题。在随后的几章中，我探讨了户外主动自由玩耍的重要性，花时间待在大自然中对儿童甚至婴幼儿发育的积极影响，如何将户外活动融入家庭生活、日托中心和学校环境中来培养强壮、自信又有能力的孩子。最后，我将无保留地分享我带孩子在户外独立玩耍的方法。

同时，本书也为那些日常与孩子们待在一起的教育工作者而写。书中介绍了老师日常看到的一些孩子的非正常行为，如注意力不集中、坐立不安、笨拙、缺乏创造力及具有攻击性，并解释了这些行为的原因，也讲解了如何通过户外玩耍解决这些问题。书中提供了切实可行的办法，可以让你将户外活动作为一种治疗手段来提高儿童的独立性和创造力，为培养孩子的终身学习能力打下基础。

　　我希望你会喜欢本书，就像我享受写作本书的过程一样。我希望这些新知识不仅能够启发你的想法，而且能激励你产生行动。为了帮助孩子，我们需要尽自己的一份力量。

BALANCED AND
BAREFOOT

第 1 章

城市孩子的普遍问题

**BALANCED
AND
BAREFOOT** ▲

如今的孩子变得越来越脆弱：抗挫折能力变差，想象力变得贫乏，在学校很难集中注意力，无法控制情绪，也不会通过判断周边环境给自己找到安全的前进方向……大多数父母只会通过加强营养来解决这些问题。但事实证明，只加强营养和让孩子进行结构化运动①并不足以让孩子变强！

---

① 结构化运动，简单来说是指有组织的运动，孩子按照老师、教练的安排遵循一定的规则完成指定的运动内容，而不是在孩子自主选择、自己主导和反复试错中进行的运动。——编者注

　　一位母亲曾给我打电话抱怨道，她 6 岁的儿子根本无法在教室里安静地坐着，学校想让她带儿子去查查是不是患有注意缺陷多动障碍。她还说，她儿子每天放学回来，身上都贴着个黄色笑脸的贴纸，意思是他今天表现得不好。其他同学回家时，身上都贴着绿色笑脸的贴纸，意思是表现得好。每天都有人说她儿子行为不当，可他只不过是不能长时间安静地坐着罢了。她一边说，一边开始哭："他都开始说什么'我讨厌自己''我什么也做不好'之类的话了。"

　　这位母亲的哭诉在我看来并不陌生，我一边听，一边忍不住想，这个小男孩的自我评价正直线下降，原因不过是他比其他孩子动得多罢了。也许这个故事也触动了你。可能你也有一个总是乱动，总在课堂上捣乱的孩子，可能孩子的老师也想让你带孩子去检测一下，看看他是不是有发育迟缓或发育障碍问题。对父母来说，接受这样的字眼可能十分困难。你会非常重视，甚至可能已经开始焦虑，想知道孩子的身体究竟出现了什么问题。

　　如果真是这样，请放心，不止你一个人遇到了这类情况。

20 世纪 80 年代，诊断哪个孩子患有发育障碍，或者给孩子贴上"神经系统有问题"的标签还十分罕见。但现在，这种现象越发常见。越来越多的孩子出现注意力集中程度差、难以控制情绪、平衡能力不够好、力量和耐力下降、攻击性增强和免疫系统变弱等问题。随着发育障碍儿童数量的增加，人们需要更多专业方法来治疗这些问题。这种发展趋势无疑令人警醒。我大女儿的很多朋友在小时候都会定期接受发育问题的治疗，而我的小女儿也因为感觉系统问题需要采取一些温和的治疗手段。在我自己的作业疗法诊所，等待治疗的患者已经排到了至少 1 年之后。

我女儿们学校五年级的老师告诉我，她的学生们在注意力集中上总有问题，一天到晚都在不停乱动。应她的邀请，我开始旁听她的课，观察学生们的表现。在课堂上，她给学生们读故事，而我坐在一旁仔细观察。

当时已经临近放学，除了一个孩子还能安静坐着，其他所有孩子都在乱动。有几个男孩使劲拍打手腕，一个男孩在椅子上不停摇晃，还有一个男孩在咬水瓶盖子。有一个女孩紧紧抱着自己晃来晃去，还有几个女孩坐在椅子上向后斜倚着，只有椅子的后腿支撑在地上。我之前从未在五年级的教室里看见过如此过分的情况，这些烦躁不安的行为在幼儿园的教室里更常见，而不应该出现在这里。

并不仅仅是这些五年级的学生这样，现在大部分孩子似乎都这样。好在我们今天在孩子们身上看到的许多问题都可以治疗，且在某些情况下可以预防。读完本书，你就会知道如何让孩子在合适的环境中进行主动自由的户外玩耍，治疗和缓解他们在发育中出现的问题。

首先，让我们先仔细看看现今社会中最为普遍的儿童发展问题。很有可能你的孩子，或是你认识的某个孩子已经在接受作业疗法、言语疗法或物理疗法。发表在《儿科杂志》上的一些研究论文表明，美国至少有六分之一的儿童存在发育障碍。即使在学龄前阶段，需要早期干预的儿童数量也骤然上升，这一数量还在逐年增加，这在过去可是闻所未闻的。

如果某个孩子在注意力、平衡能力、协调能力或感觉统合方面出现了问题，医生会建议他接受作业疗法。其中，儿童常见的感觉处理问题，大到缺乏空间意识、不听别人的话，小到无法容忍光着脚活动，都可以进行干预。作业治疗师会帮助孩子们学习忍受各种感官带来的体验，并最大限度地提升各个感官的独立功能。

我采访了来自新英格兰地区不同州的 10 名小学老师，他们每个人都有至少 30 年教龄，教学经验都十分丰富。因此，我可以从他们那里充分了解过去几十年里孩子们都发生了哪些变化。所有采访对象对学生的抱怨都十分相似。他们注意到，总体来说，这些年学生的大肌肉运动技能、精细运动技能、安全意识、自我控制力、注意力和协调能力都在缓慢下滑。他们的观察结果让我大跌眼镜，本章中的很多数据来源于他们的观察结果，你可能也会在你的孩子或其他孩子身上看到同样的感觉系统和运动技能问题。

老师们的说法让我产生了更多问题：是什么让如此多的孩子，甚至幼儿需要接受作业疗法呢？为什么发育障碍和发育迟缓的人数一直在上升？为什么越来越多的孩子在平衡能力、运动技能、注意力和情绪控制方面有问题？孩子的身体究竟出了什么问题？接下来，我将详细探讨这些问题的答案，也会解答本章中提出的其他问题，让你安心，也让你以乐观的态度看待孩子的情况。

坐立不安：孩子无法集中注意力

在近 20 年里，存在注意力问题和可能存在注意缺陷多动障碍的儿童数量有所增加。也许你的孩子或者孩子的某个同学就是其中之一。

弗兰·法默是一位备受尊敬的三年级老师，也是我采访的对象之一。我问她，与过去的孩子相比，如今的孩子是否在课堂上更难集中注意力。她回答说："有特殊服务需要的儿童数量有所增加，我觉得我带的 22 个孩子里，有 6 个在注意力上有严重问题。为了适应新一代学生，我不得不改变自己的教学方法。以前，我可以把全班当作一个整体来开展教学，但现在，为了教好这些学生，我不得不多做小组活动，与他们一对一面谈。"

孩子们不仅更难集中注意力，也表现出无法专注的行为，比如多动。另一位老师哀叹道："现在的孩子就是不肯好好坐着，就好像他们根本不在乎别人在说些什么。他们总是乱动，一直要起来上厕所。"另一位中学老师说道："学生就是不肯静下来，总想从座位上站起来。每隔两分钟，他们就会找个借口离开座位，要么上厕所，要么削铅笔。我记得我上学的时候，根本没有这种情况。"

换句话说，除了安静地坐着和集中注意力，孩子们什么都愿意干。那为什么孩子们不能集中注意力呢？为什么总要动呢？这样动来动去不会对孩子们的学习和老师们的教学产生负面影响吗？孩子们总是乱动的根源是什么？难道是在课间没有足够的时间活动吗？

体能不够：孩子缺乏运动量

也许你已经注意到，你的孩子不能像你小时候那样玩单杠了。他可能在单杠上抓握那么一两秒钟就掉下来，沮丧地抱怨几句，转而去玩别的了。又或者你已经观察到，让你的孩子爬几层楼梯都很困难，让他毫无怨言地登上一座小山更是不太可能。这种情况正在成为当今孩子的常态。很多研究和标准化测试表明，当代儿童的整体体能正在下降。

在工作中，我对儿童力量的下降有了真切感受。有一天，TimberNook 充满了欢笑声。孩子们在树林角落里与他们新任命的"首领"合作，这位"首领"戴着特殊的羽毛面具，披着长长的斗篷，颇有些鹤立鸡群；还有几个孩子在用木棍、砖块和绳子搭一间商店；火升起来后，几个孩子开始烤饼干。一切都很美好，直到……

一个 8 岁的小男孩在荡秋千时没抓住绳索，直接从半空中掉到地上。我快步冲过去蹲在他身侧，看到他的嘴唇开始发青，人也吓得六神无主。很显然，对他来说，吓到呼吸不畅一定是种可怕的新感受。

"深呼吸，"我温柔而镇定地说，"你不会有事的，只不过是几秒钟没喘上来气而已。"他大哭起来。"你哭啦，这是个好现象，证明你恢复了呼吸。"我告诉他。他哭得更厉害了，我开始做最坏的打算，因为其他辅导员、父母和孩子都非常关注这一切。漫长的几分钟过去了，突然，他站起身来，神色轻松了许多，伸手擦去脸上的泪水，又抖掉了裤子上的灰尘。看到他重新站了起来，我长舒一口气。

这个孩子用有点艰难的方式学到了每个孩子都必须学会的东西——如何评估自己的力量和能力。这件事不过是童年之路上的必经一站，却令我有些惊讶，因为对于他这个年龄和体型的男孩来说，抓住秋千上的绳索本应没什么难度。还没等我找到时间仔细思考这件事，一星期之内又有 3 个孩子从秋千上摔了下来！以前，这样的事情可是非常罕见的。秋千绳索一直垂到地面，所有年龄段的孩子都能很容易地抓住它。但是，要想抓住绳索荡起来，孩子们就必须有强大的核心力量和上身力量，还得有足够的握力。秋千绳索很牢固，是有些孩子没有足够的力量抓稳它。

　　儿童核心力量普遍下降了。2012 年，我在一所小学测试了学生保持超人式（腹部着地，手臂和双腿抬起）、仰卧屈曲和俯卧平板支撑的能力。大部分学生无法达到 20 世纪 80 年代早期儿童平均核心力量的基准线，接受测试的 3 个班级的学生都未展现出足够的核心力量。

　　我曾在美国俄亥俄州的一次作业治疗师会议上就 TimberNook 相关的实践和探索作过报告，在这之后，一位同事找到了我。她告诉我，一些进行体能标准化测试的机构正在考虑重新制定测试标准，因为如今的孩子能达到的水平跟之前的不一样了。她又说，这在作业疗法领域引起了极大争议。有的作业治疗师希望能参照更新后的平均数据评估现在孩子的水平，但这会使孩子们变得越来越脆弱，她也在思考，是不是坚持参照 20 世纪 80 年代的标准要求孩子们更好？

　　这已经不是我第一次听到这样的说法了。在一次针对医疗保健专业人员的培训课程上，一位作业治疗师也表达了同样的担忧。她发现孩子们的力量越来越小，肥胖儿童越来越多，就连裤子的尺码都为了适应肥胖的儿童而变大了。她担心业内也会改变儿童的体能测试标准来适应这一切。

　　当下，儿童的体能降到了一个前所未有的水平，这种现象令人担忧，并且我们有可能接受那些降低要求的新标准，而不是针对这个问题寻求解决办法。然而，当我们对孩子降低期望而不是要求他们达到更高标准时，我们可能会将他们引向失败。

有不良体态的孩子增多

久坐会导致儿童的不良体态，这是我在一所学校观察时发现的现象。学生的坐姿会在一堂课中逐渐变差。课程开始时，只有大约三分之一的学生坐姿不佳，而课程快结束时，基本有四分之三的学生坐得不端正了。他们有的趴在桌子上，有的则懒散地窝在椅子上。他们站起身时，我注意到他们普遍存在驼背和脖子前倾的问题。

核心力量弱，脊柱周围的稳定性就差，保持脊椎挺直就有些困难。法里亚医生是我们社区一位备受尊重的脊柱按摩师。她的患者中有 30% 是儿童。她对我说，很多孩子不能"保持"住按摩师对脊柱做出的调整，这是由于这些孩子的肌肉发育不均衡所造成的。不均衡的肌肉就像个轮滑组，如果一侧很弱，另一侧就会绷紧。比如，如果一个孩子大腿前侧的股四头肌很弱，大腿后侧的腘绳肌很可能就会紧绷。这种肌肉发育不均衡就容易导致肌肉疼痛，也会造成脊柱弯曲。

法里亚医生的大多数患儿都需要调整颈部的寰椎和枢椎区域的肌肉。如果这些区域的肌肉很紧张，就会压迫神经，影响神经信号的传递。就像拿起花园里正在浇水的软管把它折弯，水流就会变慢，如果神经受到了压迫，神经冲动就无法快速地进出大脑，儿童的反应速度就会变慢。

你有没有注意到，你的孩子总觉得浑身发紧，尤其是肩颈周围的肌肉紧张？这可能是颈部不断前倾去看电子设备，加上在学业压力下运动不足或书包太重导致的。法里亚医生说："上颈部神经受到压迫会影响眼睛、鼻窦和鼻颚，甚至有些孩子会抱怨头痛。有些孩子可能会因下颈部神经受到压迫，不能灵活地用拇指和食指精准抓握。无论是哪个区域的神经受到压迫，都会影响神经信号进出大脑。"

有物理治疗师也注意到，越来越多的儿童正在遭受背痛的困扰。在过去，她的患者大部分是患有慢性腰背疼痛的成年人。让她没想到的是，现在越来越多的患儿通过儿科转诊到她这里，有个小病号居然只有 10 岁大！在她看来，儿童背痛人数突然增加的原因在于，他们被强制久坐、肌肉力量整体下降，以及需要背着十分沉重的书包。很多孩子存在脖子前倾、肩膀内扣、脊柱弯曲等异常现象，这些不良体态给背部和颈部肌肉增加了压力，导致了孩子的头痛和其他部位的疼痛。

父母可以带孩子去找按摩师治疗背痛，但首先需要思考的是如何预防这种情况。孩子们少做了什么导致核心力量变差了？不良的体态和学习成绩不好之间有联系吗？

孩子的耐力下降了

孩子核心力量下降和久坐不动，都会导致主动玩耍的耐力下降。你可能已经在自己孩子身上观察到了这种情况，比如他在徒步旅行中需要不停地休息，或者会在逛街几小时之后抱怨腿疼。实际上，很多老师都发现学生对体育活动的耐力变差。越来越多的孩子会抱怨自己累得上气不接下气、腿疼，在短程徒步或上体育课的中途都需要休息。

在 TimberNook，孩子们进入户外教室要走上一小段 2 分钟的路程。这是一段上坡路，地面又有些崎岖，孩子们很难一眼看到目的地。在活动开始后的头两天，我们总会听到很多孩子边走边抱怨，装满东西的双肩包在他们背上来回晃动。"太难了！"一个孩子大声说。"什么时候才能到啊？"另一个抱怨着。"我腿疼。"还有个孩子哼哼唧唧地说。一星期后，孩子们才接受这段徒步距离，稍稍开始享受。

在进行一项新的运动时，人们需要使用不同部位的肌肉，如果耐力不够，确实会让人感到些压力。但这条上坡路只有 2 分钟路程，按理说不会带来任何疼痛或疲劳。为什么这些在课堂上极度活跃、动来动去的孩子，居然在进行体育活动时抱怨腿疼，觉得疲累呢？这太尴尬了！可为什么会这样呢？

像奶奶家的金贵瓷器一样脆弱

如今的孩子总会让我想起奶奶家收藏的那些易碎的瓷器。那些瓷器只在圣诞节等非常特殊的场合才会拿出来使用，我们还得在足够幸运的情况下才能用上。大多数情况是，大人们用的是那些精美昂贵的瓷器，而给我们小孩子用的是廉价的塑料仿制品，只不过看起来像是瓷器而已。大人们总是害怕我们会失手把瓷器摔得稀碎。一提起如今的孩子，我就会想起这件事，因为他们只要摔倒，肯定会摔坏哪里。

凯蒂·鲍曼（Katy Bowman）是恢复性运动研究所（Restorative Exercise Institute）的生物力学专家，她说，由于体重增加和肌肉力量下降，如今的孩子更容易脱臼。例如，一个孩子想挂在单杠上，但他又没有足够的肌肉力量支撑体重，那么这个负荷就会转移到韧带上，导致牵拉肘[1]。

近年来，儿童骨折的发生率增加了。最常见的骨折部位是前臂远端，就是手臂最靠近手的部位，而摔倒是骨折发生最常见的原因。骨折多发的部分原因是儿童活动模式的改变。如果儿童的肌肉力量不足以保护骨骼，当骨密度较低时就容易发生骨折。如果儿童没有足够的运动机会锻炼骨骼，骨骼的承载能力就会显著下降，从而导致钙的分解和释放。被分解和释放的钙被身体重新吸收，使得骨骼更加脆弱，增加了骨折的风险。

辛辛那提儿童医院（Cincinnati Children's Hospital）的研究表明，美国有数百万儿童的骨骼都不够强壮，导致他们容易骨折、罹患佝偻病和其他骨骼疾病，肌腱和韧带也会受影响。如果肌腱和韧带一直得不到锻炼，

---

①牵拉肘，又叫桡骨头半脱位，是5岁以下儿童最常见的肘关节损伤，多为牵拉不当导致。——译者注

便会逐渐缩短、紧绷。紧绷的肌腱、韧带和肌肉更容易撕裂。

那么补足营养，尤其是补足钙，不就能让孩子生长出强壮骨骼了吗？每天让孩子喝牛奶还不够吗？如果孩子骨折的风险增加了，还能让他出门玩耍吗？玩什么才合适呢？

总是摔倒：孩子的空间感不好

我观察一年级学生时，曾听到老师非常愤怒地说："好吧，这星期摔倒的同学太多了，请尽量好好坐在座位上。"教室里的噪声很大，孩子们乱成一团。许多孩子趴在桌子上，还有几个孩子不时地离开座位。老师抱怨说，要是这些孩子能安安稳稳坐 15 分钟，她就谢天谢地了。

许多老师发现，孩子们的空间意识变差是他们动作笨拙和总跌倒的原因。几个老师说他们的学生总是趴在桌子上，有时甚至会从椅子上掉下来摔到地上。实际上，在我所采访过的班级中，这样的情况每天都会发生。孩子们甚至会撞到教室的柜子，撞到彼此，甚至直接撞上墙壁！有一所中学，因为学生们总是在课间撞到彼此，校方不得不在走廊中间贴上提示，要求学生走路时保持右行，就像开车那样。

在我的临床实践中，父母们总是在抱怨孩子们笨手笨脚，无论是在房间里走还是做运动，都经常自己绊倒。我小女儿在进行冰球训练的头几年里，经常因为摔倒、撞墙、和其他人相撞而受伤。而现在，她能毫不费力地在冰上滑行，没有多少孩子能跟上她。她的运动能力对她这个年龄段的孩子来说一点儿都不突出，但现在运动能力能达标的孩子却很少见。

年轻运动员中的受伤人数明显上升，数量惊人。更令人担忧的是，体育课上的受伤人数成倍增长了。"这种增长不太可能是由于参与体育活动的人更多了。"拉拉·麦肯齐（Lara McKenzie）博士说。她是俄亥俄州立大学医学院的老师，也是伤害研究和政策中心（Center for Injury Research and Policy）的首席研究员。

那么为什么孩子摔倒的发生率显著上升？是什么让如今的孩子比上一代更加笨拙？孩子们走路总是撞到别人，在运动中总是受伤，这说明什么呢？他们的身心健康状况是怎样的呢？

频繁感冒：孩子的免疫力变差

现在，我女儿们学校的每个孩子在开学时都得带上四盒纸巾。当学校第一次要求我带的时候，我就暗自想，一个孩子怎么可能用得完四盒纸巾呢！但到了学年末，所有纸巾居然都被用完了，有的老师甚至让父母再带一些。

可能你的孩子在冬天经常生病，一次次地因感冒而缺课，甚至连你和他的兄弟姐妹都被传染了。这是无数与我交谈过的父母们共同面临的不幸问题。他们说："孩子好像整个冬天都在感冒。"在我看女儿打冰球比赛时，发现一些孩子总是需要纸巾。我问一位母亲她的孩子是不是感冒了。"没有。"她说，"莎拉就是这样，冰球赛季时她经常流鼻涕。"

久坐会给孩子带来明显的健康问题，如肥胖、患糖尿病和高血压的风险增加。除此之外，孩子的免疫系统也会下降，他们更容易感冒、生病和过敏。美国知名家庭医生戴维·布朗斯坦（David Brownstein）讲过很多免疫系统的案例。在一篇文章中，他说自己有一次在机场被粉丝拦住问："为什么这么多孩子都过敏呢？花生过敏、牛奶过敏、麸质过敏……这一切问题都是哪来的？"他回答说："我觉得原因有很多，但主要原因还是年轻一代的免疫系统变得越来越脆弱。"

那么为什么儿童总是感冒？是什么导致了过敏和哮喘患儿的增加？与食物和环境有关，还是有其他因素？

攻击性强：孩子不能很好地控制身体

有一个很让人怀念的游戏叫"捉人游戏"，你小时候应该玩过：一群孩子相互追逐，追的人用手碰到逃的人，就算"捉到"了他。玩这个游戏似乎没什么害处吧，但根据许多老师的经验，可能并非如此。曾经简单又好玩的捉人游戏，现在变成了操场上的噩梦。孩子们"捉人"时，手打到别人后背上使足了力气，我自己在 TimberNook 就看见过类似的情形。

"啊！"一个被打到的孩子哭叫着，趴在地上忍着眼泪，"别使那么大劲儿！"站在他旁边的孩子反驳道："我没想使那么大劲儿的……"这种行为肯定是无意为之，但即便如此，被打的人依然很疼。

孩子们在捉人游戏中展现出来的攻击性已经成为一个问题，美国各地的学校都开始禁止这个曾经深受欢迎的游戏。

美国新罕布什尔州的一所学校出于安全考虑，首先禁止了学生玩捉人游戏。父母们和学生们都不理解，有些人还感到很愤怒。但渐渐地，媒体的报道标题就从"课间休息禁止玩捉人游戏实在太愚蠢了"变成"越来越多的学校因学生受伤而禁止玩捉人游戏"了。对此我很好奇，于是询问老师们，学生们在课间究竟做了什么。

与我怀疑的一样，老师们在课间确实看到越来越多的学生在攻击他人。一位老师说："我们不得不给他们制定额外的规则，因为他们并不知道用多大力量触碰彼此才是恰当的。"甚至在游戏禁令颁布之前，学校管理者颁布过一项"只能用两根手指触碰他人"的规则，来防止孩子们推倒其他人。另一位来自其他州的老师也抱怨道："他们根本就控制不住自己！他们就是忍不住要动手。"

看起来，孩子们的攻击性似乎越来越强了。难道如今的孩子根本不知道如何安全地互动吗？他们在成长过程中接触了让他们变得顽劣的事物吗？还是说，孩子们只是不知道如何控制自己的身体呢？

阅读困难：可能是视觉功能发育不良

儿童的近视率在逐年增长。与 20 世纪 70 年代相比，如今近视的儿童在美国和其他国家都更为常见了。问题是，不仅有更多孩子看不清远处的东西，伴随着越来越多的儿童发育障碍，有视力缺陷的儿童数量也在不断增长。你的孩子有视力问题吗？有没有抱怨过头痛，或者说自己的读写能力比不上同龄人。现如今，许多治疗师也发现，越来越多的孩子无法协调地使用眼部肌肉，比如无法扫视整个房间找出某个东西，或者不能准确地找到书中的信息。

这些视觉上的问题通常很难被发现，于是孩子们只能在学业上苦苦挣扎。学校只会通过让学生阅读视力表上的字母或数字来测试他们的视力，很少会有学校评估学生有效使用眼部肌肉的能力。有一位在特殊学校工作的阅读专家与许多孩子进行了一对一交流后认为，许多正在接受阅读干预的孩子，视觉功能都有一定问题。

我曾经给一个小女孩就感觉系统和运动技能发育问题进行治疗。她必须用手捂住一只眼睛才能认出看到的单词。她已经上一年级了，但是还不识字。她所在的小学测试了她阅读视力表的能力，结果成绩非常不错。"她的视力很好。"学校的报告里这样写。然而，我对她进行评估后很快意识到，如果她不让眼球转一圈，就没办法让目光从 A 点移动到 B 点，难怪她阅读有困难！

那么为什么近视率在上升呢？为什么孩子们在协调眼部肌肉扫视房间或阅读书籍时，会遇到困难呢？

敏感焦虑：孩子不会自我调节情绪

我小女儿 6 岁时对一个跟她同龄的女孩说："我可太爱露营了！露营要扎帐篷的，你要去露营吗？"那个女孩担心地说："露营？跟那么多虫子一起睡觉？蜱虫会在帐篷底下爬来爬去的！我才不去呢！"当我女儿看到一片修剪整齐的草坪，跑过去躺在上面时，那个女孩惊慌失措地说："草里会有蜱虫的！很讨厌！很可怕！快起来！"

恐惧和担忧正阻碍着孩子们享受简单的童年时光。为什么我们的孩子越来越担忧，越来越恐惧呢？为什么孩子们难以控制自己的情绪？是我们对这些问题变得越来越敏感，还是焦虑情绪的激增真的存在什么神经学上的原因？

孩子的情绪易波动

如何教孩子控制情绪是现如今的一个热门话题。我注意到，在过去几年中，这类话题的文章和自助类书籍显著增多，都在教父母帮助孩子学着自我调节情绪。显然，孩子的情绪问题已重大到需要一系列策略来提供帮助，瑜伽、冥想和拼模型是常见的几种方式。孩子原来能够在发育中自主自然形成的能力，现在需要有人教才能掌握。

语言病理学专家乔琳·菲娜尔德（Joleen Fernald）博士专门研究患有焦虑症的儿童。她注意到社会情绪问题在近 20 年中越发严重。"有的孩子 8 岁了依然无法自我调节情绪。"她说，"孩子应该在 3 个月大的时候就能开始这样做了。这些孩子并没有被确诊为孤独症，是无须接受特殊治疗的。"

与我交流过的老师们都说，如今的孩子在学校更难控制情绪。许多孩子会在课堂上哭出来或感到沮丧。一位老师说："过去很少会有孩子在课堂上哭泣，而现在这种情况太常见了。更令人惊讶的是，这些孩子中有很多是男孩。"他们还注意到，孩子们对学校的活动和课程似乎缺乏兴趣和动力。许多父母越来越担心，因为他们的孩子在小学低年级时就会说"讨厌学校"这种话。这可不是踏上求学之路的态度。

可这些情绪波动增加的原因是什么？为什么如今的孩子无法像之前的孩子一样自我调节情绪呢？

孩子容易焦虑

你的孩子患有焦虑症吗？可能你的孩子只是怕黑、怕生病，难以融入新环境，或总怕受伤。其实，这已经是焦虑的症状了。心理学家劳伦斯·科恩（Lawrence Cohen）说："我认为，儿童患焦虑症的数量确实在上升。他们从害怕床下的怪物，进而发展到恐惧、恐慌，最后严重到患上焦虑症。"在 TimberNook，我们也经常看到孩子出现焦虑的症状。孩子会焦虑的首要原因就是他们的父母，父母总会问我们要采用什么策略让孩子适应营地环境。

在 TimberNook，确实有很多孩子十分害怕户外的东西。比如，他们可能会因为平时不怎么接触大自然而害怕森林；在营地的第一个星期，有的孩子还会非常明确地表示自己不想脱掉鞋子；还有的孩子害怕鸡，担心自己会被啄到。在每星期来露营的孩子中，20 个里差不多有 5 个会有焦虑表现。

难道现如今孩子的大脑与二三十年前孩子的大脑有什么不同吗？还是说有什么环境因素作祟？是什么引发了孩子产生如此多的焦虑？更值得注意的是，我们如何才能尽早避免让孩子产生焦虑的症状呢？

不爱出门：玩电子产品的时间太久

如今的孩子花在电子屏幕前的时间比以往任何时候都多，有的甚至每天会在电视机、电脑或电子游戏上花费超过 6 小时。随着孩子们花在户外自由玩耍上的时间大量减少，他们更难做到独立和有创造性地玩耍也就不足为奇。

有一次，我问几位老师，如今的孩子与过去的孩子做的游戏有什么不同，其中一位老师说："现在，想象类的游戏变少了。以前，我们总能看到学生们玩扮装游戏，在操场上创造自己的游戏世界。但现在，他们总会倾向于进行结构化运动，一直玩到打上课铃。"她又说，"他们几乎没有过去经常能看到的创造力，就好像他们不知道该做什么。很多孩子会不停地来找我们问应该玩什么、能玩什么，这真是令人沮丧又悲伤。"

孩子们开始失去玩耍的欲望和能力，而这本是人的天性。如果孩子们想玩，为什么没有多少孩子能够开发出自己的游戏呢？为什么他们更喜欢结构化运动，而不喜欢非结构化游戏；更愿意寻求大人的指导，而不是与其他孩子一起商讨出规则呢？想象类游戏的缺失是否对他们造成了某些伤害？

BALANCED AND BAREFOOT

理念总结

　　事实有点儿残酷：如果我们把如今的孩子与过去几代人比较，他们就是不如前面几代。加强营养和增加运动可以改善肥胖、加强身体素质、提升学习成绩。然而，仅仅关注营养和结构化运动似乎削弱了我们对儿童感觉系统和运动技能发育的重视。那有没有解决办法呢？当然有！办法其实很简单：每天都给孩子一些时间和空间让他们在户外玩耍。随后几章，我们将详细说明如何让孩子进行主动自由的户外玩耍。

BALANCED AND BAREFOOT

第 2 章

身体、感觉和大脑都要接受挑战

BALANCED
AND
BAREFOOT

　　运动技能、感觉系统、社交情感技能和认知能力的发展有一条共同的主线。如果孩子没有足够的时间来锻炼这些能力，这条线就会打结，这时孩子会面临一系列问题，比如，难以在学校交到朋友，无法控制情绪，甚至失去想象力，在生活中也更容易受到伤害。想解决这些问题，就要让孩子全身得到充分的运动。

我们会惊叹孩子的身体居然成长得如此之快。他的骨骼和肌肉一直在生长，感官变得更加灵敏，神经元也在释放神经信号。大约一年，你的孩子就可以从完全无法控制肌肉成长到可以控制肌肉走路，这是非常了不起的。而再过几年，你的孩子就可以从单脚站立发展到自己骑三轮车了。

孩子会通过挑战自己来获得成长。如果他的身体机能没有受到挑战，发育就会落后，还很有可能出现第 1 章中提到的那些问题。为了让在力量、平衡能力和协调能力上有问题的孩子也能茁壮成长，我们首先需要了解有哪些基本的感觉系统和运动技能可以支持儿童发育成强壮、自信又有能力的孩子。因此，在本章中，我们不仅要了解儿童的身体如何发育，还要了解周围环境如何影响孩子的成长。本章还会简要介绍儿童的社交技能和情感技能如何发展。

身体发育：挑战自我获得强健体能

有一位母亲告诉我，她的两个女儿每天都要去爬家门口的一棵粗壮的老橡树。按照她的说法，这棵树非常适合攀爬。放学回来，她的两个女儿把书包一扔，转头就去爬树。她们来了 TimberNook 之后，足迹遍布我们树林里差不多 10 种不同的树，有瘦弱的小树、粗壮的古树、合抱在一起的夫妻树，还有枝丫相距甚远的大树。对她们来说，每棵树都是个新挑战。她们毫不费力地从一根树枝荡到另一根树枝，一边爬一边观察枝干是不是足够结实。她们倒着爬、侧着爬，绕着树一圈一圈往上爬。每天的爬树活动锻炼了这两个女孩攀爬的基本技能，让她们回家之后能更轻松地爬上家门口的老橡树。

讨论身体发育的视角有很多种，但本书主要关注两种技能的发展：大肌肉运动技能和精细运动技能。只有肌肉、大脑和神经系统通力合作，孩子的身体才能活动起来，无论是踢球还是拿着蜡笔画画，都是如此。也只有这样，大肌肉运动技能和精细运动技能才能获得训练。孩子要想精进这两种运动技能，日常练习必不可少。

让孩子发展大肌肉运动技能

大肌肉运动技能包括全身运动，以及腿、手臂和其他身体部位的协调，以实现走路、跑步、攀爬等活动。婴儿第一次发展出某些大肌肉运动技能具有里程碑式的重要意义，比如第一次爬行，或迈出人生的第一步。等到孩子两岁大的时候，他们就能够站立、走路、跑步、攀爬、上下楼梯、骑小车，甚至可以单脚站立。这些大肌肉运动技能在感官体验及不断练习的基础之上越来越强，直至成年。

为了发展大肌肉运动技能，孩子们一整天都需要通过各种运动和感官体验来激活大肌肉群（腿部、手臂、腹部和背部的肌肉）。以走路为例，孩子们刚学会走路时，步伐非常不稳定，可能走上一两步就摔倒在地。走路时，他们的手臂会高举在空中以保持平衡。等走得多了，练习得也多了，他们就能多走上几步。很快，他们就能一次走完四五步才摔倒。接下来，你会发现孩子们走得更快更稳了，能一口气从房间的一侧走到另一侧。随着练习量增加，手臂不需要再抬起了，因为他们的步伐已经更坚定。这时，运动技能成了他们下意识的行为，不需要集中太多的注意力和精力。

然而，并不是说蹒跚学步的孩子一旦开始走路，走路的技能就被他们掌握了，他们还需要更多时间磨炼技能、加强锻炼。让小孩子继续锻炼这些重要肌肉群的一个好方法，就是把他们带到户外。户外地形多变，有障碍物可以挑战，有好玩的物体可以攀爬，有大石头可以跳上跳下，还有虫子可以追逐。户外环境比儿童游戏场所或体育馆要更多样化。户外游戏和户外探索会挑战孩子们的运动技能，带来的影响会一直持续到他们成年。

除腿部和手臂肌肉外，核心肌肉（腹部和背部的肌肉）以及颈部肌肉也用于大肌肉运动。尽管在爬树或从一块石头跳到另一块石头的时候，核心肌肉的作用并不总是很明显，但它们确实在努力让孩子们保持直立和平衡。核心肌肉处于身体中心，也几乎是每项活动的核心。这些肌肉与所有的大肌肉群一起，为手臂、手掌和手指的小肌肉能够有效活动提供基础支撑。如果大肌肉群的控制力不够，孩子们就很难掌握精细运动技能，比如熨衬衫、用剪刀和脱鞋。

因此，重要的是要给孩子们足够的时间去发展大肌肉运动的力量和技能，这样还能为其他的运动技能提供支持。接下来我将介绍，为什么锻炼这些肌肉如此重要。

增强孩子的大肌肉力量

如果孩子们每天都有机会以各种方式激活和使用大肌肉群，他们就能够增强力量。例如，婴儿每天都有大把时间在地上玩耍，他们通过与周围环境互动增强力量。他们伸手去拿东西，尝试踢开东西，抬头以看见更多东西，翻身来获得一个新的视角。他们并不需要做许多母婴论坛中推荐的那些正式训练，只需要在一个感官刺激丰富又舒缓的环境中活动，就足以自然而然地锻炼肌肉。

儿童天生就有好奇心，他们在房间里或在草坪上听到一个声音就会爬过去研究一番。如果有什么东西吸引了他们的注意力，比如一只彩色小虫爬到树上，越爬越高，他们就会想办法站起来看个究竟。这种想了解周围世界的动机推动他们行进，也在行进的过程中激活了肌肉。

户外为孩子们提供了一个不断变化的环境。太阳从云里冒出来，就可能会让还在学步的小孩子从阴凉处爬到阳光下，让大点儿的孩子开心地转圈圈；而一座长满青草的斜坡，就可能会让孩子在斜坡上一滚到底，或者让孩子一鼓作气冲到坡顶。定期以不同方式锻炼大肌肉群能促进腿部、手臂、头部和眼睛周围的肌肉活动，让这些肌肉更好地实现自己的功能，让人看得远、听得清、动作更精准和高效。

如果练习量不够，身体力量自然不足。孩子的大肌肉运动技能薄弱会导致他们在教室里坐不住，在体育课上耐力差，身体协调能力差，甚至受伤，就像第 1 章中提到的那样。为了让大肌肉运动技能处于最佳状态，两岁以下的孩子每天最好能保证 4 小时以上的主动运动时间，让孩子去爬行、攀登、跳跃、滚动、走路和跑步。大一点儿的孩子每天应该有 3 小时以上的时间做上述运动，再加上下蹲、悬吊、搬重物、跳下、翻滚等强度更大的运动。

增强孩子的核心力量

大多数人听到核心力量时，首先会想到坚如磐石的六块腹肌，想到穿着泳衣炫耀的那些肌肉。其实，核心力量包括很多肌肉群，并不仅仅是你能看到的外露肌肉。核心肌肉群包括外核心，即腹肌，以及内核心，即围绕臀部、骨盆底、膈肌和脊柱的肌肉。强大的核心力量会让脊柱更稳定、更挺直，运动更顺畅。内核心为体态控制和深呼吸提供支持，也为外核心的运动提供坚实的基础。内核心让孩子们能站得直、站得稳，如果孩子们没有良好的内核心力量，他们就得利用更靠近表皮的外核心肌肉来挺直身体。

外核心肌肉生来就是为了做推拉（推开门或引体向上）这样更精细、更快速的动作。如果孩子们的内核心肌肉力量弱，就需要外核心肌肉参与到稳定身体的动作中来，需要更多的精力和注意力，因此，他们就会容易感到疲累，注意力集中时间短。内核心肌肉力量弱的孩子通常也会体态不正，耐力不强，平衡能力差。

人类从出生伊始便发展核心力量，婴儿经常在地上爬，他们的核心肌肉就开始发育了。如果父母把孩子肚皮朝下放在地上，他们便开始学习抬头，锻炼颈部和背部的肌肉。颈部肌肉强大的话，视听能力也会更强。趴在地上也可以帮助孩子将身体重量转移到其他部位，从而加强这些部位的力量。随着他们在地上玩耍的时间越来越长，他们的腹部及背部肌肉都会得到锻炼，他们会在地上滚来滚去，翻个身，再翻回来。

大一点儿的孩子可以通过各种自由玩耍，尤其是户外玩耍来发展核心力量。他们可以爬树、爬山、游泳、骑自行车、荡秋千、跳跃和奔跑，以此来挑战并增强自己的肌肉。例如，骑自行车时得保持平衡稳定，协调手臂和腿部的动作；爬树时需要调整身体姿态，一点点向上拉动自己，要激活内核心，也要激活外核心，才能让身体稳定又灵活。不需要参加专项练习，只要给孩子们时间和空间去玩耍，他们自然而然地会选择合适的活动锻炼强壮且稳定的核心力量。

增强孩子的上身力量

儿科作业治疗师所说的上身肌肉通常指手臂、胸部、上背部和肩部的肌肉。这些肌肉为手指和手掌的精细运动奠定了基础。例如，为了拿好铅笔写字，孩子的肩部和手臂肌肉首先要有足够的力量和稳定性。

强壮、发达的上身肌肉能够让上半身和手臂的动作流畅精确，比如挥动棒球棍快速准确地击打，或轻而易举地攀上单杠。对婴儿来说，爬行是发育中的重要一环，能够让小婴儿发展出强壮的上身肌肉，也能锻炼出强壮的肩膀，为捡小件物品、用蜡笔涂鸦等精细运动技能奠定基础。

大一点儿的孩子可以通过各种游戏来加强肩部肌肉的锻炼，比如练习侧手翻、抓握秋千绳索、玩攀爬架，或者找个大点儿的场地玩传球等。孩子们玩耍的机会越多，肌肉就会越强壮。

增强孩子的耐力

耐力是指人在体能挑战中所能坚持的时间长短。耐力不好的孩子更容易疲累，更容易放弃。良好的耐力可以让孩子玩上几小时，中间不需要长时间休息，能够促进身体健康和免疫系统发育，也能让孩子表现出更强的运动能力。总而言之，如果孩子不需要中途休息就能一直玩下去，他们会感觉更好，更有自信。

要想培养孩子良好的耐力，需要做好以下两件事：其一是让孩子有足够的力量，其二是让孩子有足够强度的主动玩耍。孩子们需要大量活动来加强和保持肌肉力量，就像我们刚刚讲的，这可以通过大量的户外玩耍来实现。用石头修筑水坝、爬树、爬绳梯、在海滩上挖沙子、荡秋千、骑自行车……这些活动都能让孩子们在玩耍的同时，挑战自己的力量。

主动玩耍能让心跳加快，增强心脏活力和提升肺部吸氧能力。通过定期主动玩耍，比如在草坪上跑、玩捉迷藏、在池塘里游泳、在街上玩滑板，孩子可以提高心肺耐力，从而参加运动量更大的活动。他们的耐力增强了，也就能够适应更高强度的玩耍。

增强孩子的体态控制能力

体态控制是指保持身体挺直。体态控制是小婴儿完成发育路上的重要环节，帮助他们在移动中保持平衡和稳定。当孩子开始学习对抗重力，就开始学习体态控制了。小婴儿很快能学会从趴到坐，再到站。随着越来越强壮，他们开始控制自己的身体，不再像婴儿时期那样摇摇晃晃。随后，孩子们通过持续不断的游戏来对抗重力，继续发育，变得强壮，最后成功控制了自己的体态。

当一边对抗着重力，一边活动身体时，他们便会锻炼出必要的力量和平衡能力来控制体态。荡秋千、爬树、骑旋转木马、滑雪橇、跳绳、滚下山坡再爬上去……这些都能够帮助孩子发展体态控制能力。与人们当下的普遍观点相反，直挺挺地坐着并不能建立良好体态，只会让肌肉疲劳，导致越发糟糕的体态。孩子们在钢琴课上坐得笔直可能对弹钢琴很有帮助，但这样坐的时间太长真的不是明智之举。

如果孩子们好几小时都只能坐着，比如小婴儿坐在婴儿车里，或者大一点儿的孩子为了遵守某些不切实际的规则必须坐上很长时间，那么他们很难发展出足够的力量和控制力，也很难保持这样的力量和控制力。体态控制不佳的孩子更容易从座位上摔下来，可能需要靠在桌子上来支撑自己，可能会在上下体育器械时摔倒，也可能坐没坐样、站没站样。因此，对孩子来说，多活动，多玩耍，给他们的身体足够多的机会去对抗重力才最重要。

让孩子练习大肌肉运动协调能力

大肌肉运动协调能力是指精准地重复执行一系列动作的能力。没有良好的大肌肉运动协调能力，孩子们会更笨拙，更容易让身体受到损伤。为了发展良好的大肌肉运动协调能力，孩子们需要对自身在空间中所处的方位有良好感知（这种感知被称为前庭感觉，我们将在本章的后半段讨论），同时也要有强大的核心力量。"跨越身体中线"①这类动作能锻炼大肌肉运动协调能力。许多作业治疗师都讲过这一点：你的内核心组成了身体中线，没有良好的核心力量，就感受不到这条身体的中线，而中线正是支撑身体流畅有效运动的锚点！一旦核心力量建立起来，孩子们就会开始尝试在身体中线附近做动作。例如，6个月大的孩子就能把两个东西拿到身前撞在一起。随后，他们开始拍手，伸长胳膊去拿东西。这些代表着孩子们开始发展高水平的协调能力。而之后，他们会发展出更复杂的大肌肉运动协调能力，比如爬行。通过爬行，小婴儿可以学习如何交替使用手臂和腿，这可是一项更复杂的技能。新学会的每个技能都会为更高级的技能打下基础。在你还没意识到的时候，孩子们就已经学会踢球、跳绳了。

年龄大一点儿的孩子会继续通过练习来完善他们的大肌肉运动协调能力，就是这么简单。如果孩子们一年爬一两次树，他们很可能还是新手，只能爬到离地面很近的距离。如果孩子们经常爬树，就像本章开头提到的那两个女孩一样，那么他们不仅能锻炼肌肉，还能锻炼出专业登山者才具备的协调能力，变得强壮、自信，在其他体育运动中也更能保证自身安全。

---

①"跨越身体中线"是指一侧的肢体越过身体中线的动作。在孩子感知到身体中线之前，会习惯性用一侧的肢体在同侧空间做动作。"跨越身体中线"则锻炼了孩子协调身体两侧肢体的能力。——编者注

让孩子发展精细运动技能

精细运动技能是指涉及小肌肉群运动的技能，基本指的是手眼协调能力。精细运动技能包括抓起细碎的麦片放进嘴里、拿着铅笔写字、系鞋带，以及拿着餐刀准确地切下一块肉。为了发展良好的精细运动技能，孩子们需要具有强大的核心力量，还得锻炼出良好的肩部稳定性，这样才能将精力投入到需要更多精细运动的事情中去。打下良好基础之后，就像练习大肌肉运动技能一样，孩子们需要大量的练习来抓取物体、操纵物体，发展出强壮有力的手指。

增强孩子的精细运动力量

精细运动所需的力量来自手掌、手指和手腕的小肌肉群。我们许多日常动作需要精细运动的参与，比如拉拉链、转动钥匙开锁、抓住攀爬架、打开包裹、使用剪刀等。精细运动力量有问题的孩子在以上这些活动中都会出现问题。

孩子们会通过摆弄小物体，或推动某些较重的物体来锻炼强大的精细运动力量。对于小婴儿来说，爬行能锻炼手部力量，以便将来可以抓起一些小物体。和培养大肌肉运动技能一样，孩子们需要足够的时间来用手探索周围环境。他们得有机会捡起东西，在手里把玩两圈再扔掉，然后去做下一件事情。孩子使用手部的机会越多，手掌和手指的肌肉就会越强壮。比如，玩黏土、用勺子挖土、在花园里拔草、用粉笔写字，这些都是能够让孩子们自然加强和保持双手力量的绝佳方式。

大一点儿的孩子会通过各种日常活动继续完善和保持精细运动力量，比如铲雪、耙地、在花园里用铁锹挖土，在做家务的过程中持续不断地锻炼强大的握力。

使用工具也需要很大的精细运动力量。像用锤子敲钉子，能让孩子有机会用一只手紧握住锤子把，另一只手还能做出捏住钉子这种更精细的动作。使用螺丝刀，摆弄螺母和螺栓，甚至用小刀削木头这种事都能锻炼手指力量。

让孩子练习精细运动协调能力

当孩子的身体稳定性发展到一定程度，手部力量也发展起来之后，手掌和手指就能自由灵巧地活动，独立进行各种各样的抓握。孩子们在摆弄不同物体的过程中，自然会发展出精细运动模式。例如，小婴儿会用手掌重重地一次又一次拍击某个物体，而不久之后便学会了把玩具握在手里。大量练习之后，他的手部力量越来越强大，能意识到每根手指的存在，控制每根手指的动作，开始用几根手指抓握。接着，他学会了更复杂的技巧，比如用勺子把食物送进嘴里；一只手用蜡笔涂鸦时，另一只手按住纸。

协调能力不好的孩子动手能力也差，从剪纸、系鞋带到涂色，都比较笨拙。孩子们在日常活动中得到很多抓握东西、摆弄东西的机会，才能培养出良好的协调能力。如果你的孩子有大量机会去锻炼强大准确的抓握技能，发展精细运动的灵活性和控制力，那么对他来说，学会正确握铅笔，甚至弹钢琴都更容易。

如果大一点儿的孩子有机会用各种方式锻炼手部，就能够精进精细运动协调能力。像编手链送给朋友、在记事本上涂鸦、织毛线手套、用螺丝刀拧螺钉、建一座仙女屋、做陶器等，都是锻炼手指、提高协调能力的好方法。就像锻炼大肌肉运动协调能力一样，练习的机会越多，孩子们操纵、协调手指的能力就会越强。

感觉系统：练得越多越灵活协调

大多数人都知道人类有 5 种感觉：触觉、视觉、听觉、嗅觉和味觉。其实此外还有两种感觉：本体感觉和前庭感觉。本体感觉是感知身体不同部位的能力，而前庭感觉是感知身体在空间中方位的能力，决定你是否能轻松在外部环境中确定自己的位置。人类的演化、生存就靠这些感觉了！它们会提醒我们可能面临危险，帮助我们保持冷静，甚至不惜限制我们的脚步。

感觉系统反馈给我们周围环境的重要信息。孩子们大笑的声音，即将到来的风暴的寒意，弥漫的烟味……我们感知到这些信息，并采取相应的措施。这种理解信息、处理信息的行为叫作感觉统合，它能让我们把所有拼图碎片凑在一起组成周围环境、我们自身和自身能力的整体画面。我们越平静、越警觉，就越有能力处理信息、调动感觉。

从另一个角度讲，若太多感觉被一起激活，感觉统合就会出现紊乱，身体无法正确解码这些信息，便会陷入"战斗－逃跑反应"。神经系统认为我们身处危险之中，要么战斗，要么逃跑。"战斗－逃跑反应"出现后，我们便开始出现某些身体症状，比如心率加快、瞳孔扩张、呼吸急促、肌肉紧张，出汗也会变多。如果我们真的处于危险之中，比如与熊面对面，那么出现这些反应很正常；但如果孩子只是因为教室里有太多明亮的色彩或太大声的噪声而感到焦虑，这种反应就没有任何帮助了。

接下来，我们将分别认识人体的 7 种感觉，看看它们是如何发育和工作的。理解了它们在儿童成长中扮演的重要角色之后，你便知道如何优化这些感觉体验，使你的孩子发展出良好的感觉统合，避免出现感觉紊乱的情况。

触觉

触觉是胎儿最先在子宫中发育出的感觉，触觉器官包括身体最大的感觉器官——皮肤。我们全身的皮肤上遍布着触觉感受器，通过这些感受器，我们能够接受触觉传递过来的信息。压力、震动、移动、温度和疼痛都会激活这些触觉感受器，产生神经信号，传递到大脑进行解码。我们总会主动或被动地触摸某件东西，比如轻拂面庞的微风，还有裸足下凉爽坚硬的地板。

触觉为我们提供了身边环境的必要信息。它告诉我们外面的温度"感觉起来"如何，告诉我们摸到的物体是什么样子的——是粗糙的还是光滑的，是冰冷的还是温暖的，是坚硬的还是柔软的；触觉也能让我们感知疼痛——比如膝盖上有擦伤；触觉还会提醒我们注意危险——如果你的背一直疼，那你就得在它更严重之前去医院看看；触觉也可以安慰我们——对小孩子来说，从妈妈那里得到一个温暖的拥抱总能让他很快舒缓平静下来。

新生儿就有基本的触觉了。他们能感觉到尿布湿了，如果有人抚摸他们的脸颊，他们还能下意识转头。然而，他们对自己被碰到了哪里还没有概念。只有随着触觉体验不断增加，他们才能学会区分自己被碰到的地方，以及知道他们在摸些什么东西，才能学会了解自己和周围的其他物体。如果触觉感知有问题，他们就会对触觉体验反应过度，我们称之为"触觉防御"。这样的孩子可能会对并不一定有害的事物产生"战斗－逃跑反应"。比如，他们很容易在弄脏手或脸时生气，抵触别人的触摸，不喜欢刷牙，不喜欢赤脚在沙滩或草地上行走。有些孩子则恰恰相反，他们对触碰不够敏感，比如意识不到自己身上出现了新的擦伤，也不知道食物递到了嘴边。

本体感觉

本体感觉来自关节、肌肉、肌腱和韧带中的感觉感受器。这些感受器会告诉我们身体各部位的位置。在肌肉、肌腱和韧带拉伸时，这些感受器就能感受到，大脑会分析从感受器传来的信息，让我们知道身体所处的位置和动作幅度。本体感觉帮我们把握做某件事需要用多大力气，比如剥煮鸡蛋时不会捏碎它，抱着小鸡时不会压死它，用笔写字时不会把纸戳烂。

孩子会通过一系列推拉动作来培养本体感觉，比如在建造堡垒、耙树叶、铲雪等活动中，这种推拉动作产生了新的重力负荷，持续锻炼骨骼和肌肉组织，增强大脑对不同部位肌肉能力和自身位置的意识，从而让孩子更好地感知自己的身体。

在通常情况下，本体感觉较差的孩子更容易跌倒、脱臼、骨折或受其他伤。他们笨拙地走路，姿势像机器人，他们可能很难控制自己在行走、拥抱、跳跃等动作时的力量。没有正常本体感觉的孩子可能会从座位上摔下来，经常摔倒。这样的孩子也更容易发生意外事故。还记得第 1 章中的捉人游戏吗？本体感觉发育不良，便是孩子们在游戏中用力打人的原因之一。

为了让孩子保持和加强本体感觉，应该鼓励孩子参与需要关节、肌肉、肌腱和韧带发力的游戏。这些游戏也被叫作"重活儿"，差不多都是些需要推拉、搬动重物的活动。拉着小车载起另一个孩子，搬起有点儿重的石头在小溪中筑坝，挖沙子或泥……这样的"重活儿"能帮助孩子发育出强有力的本体感觉系统。

前庭感觉

还记得第 1 章中提到的那个总有学生动来动去的五年级班级吗？我和一个同事决定继续研究孩子们为什么总是坐立不安。我们找了一所综合性艺术学校，从中选了 3 个班级，测试了这些学生的核心力量和平衡能力，并将结果与 1984 年儿童的平均核心力量和平衡能力进行了比较。结果发现，每 12 个孩子中只有 1 个孩子能达到 20 世纪 80 年代孩子的平均水平！这个结论真是让人始料未及。与 1984 年的孩子相比，如今的孩子在核心力量和平衡能力上的缺陷怎么就如此明显呢？

我们让孩子们睁眼旋转 10 圈，然后再闭眼旋转 10 圈。结果无论是睁眼还是闭眼，孩子们都会摔倒。有的孩子慢吞吞地拖着脚步；有的孩子在旋转后，眼睛快速移动的时间比标准要长；还有的孩子伸出手臂来作为视觉引导，而不是靠身体感觉。看到这么多孩子无法完成如此简单的旋转动作，我们十分担忧。他们的前庭感觉一定出了什么问题。

在所有的感觉中，前庭感觉往往是最容易被忽略的。然而，它确实是我们最强大的感觉系统，也可以说是最重要的感觉系统之一。前庭感觉也被称为平衡感，由我们内耳之中的毛细胞来感受。当我们的身体转向一边，而头转向另一边的时候，内耳中的液体会来回移动，刺激这些毛细胞。这种刺激能让我们意识到自己的身体在空间中的位置，帮助我们在环境中找到方向。

前庭感觉较强的孩子协调能力好、身体感受准确、平衡能力强。这样的孩子更容易轻松地从海边的一块石头跳到另一块石头上。而前庭感觉不佳的孩子可能经常会撞到东西、绊倒，在与其他人说话时距离过近。如果孩子的前庭感觉不好，大脑就无从得知身体在周围环境中处于什么位置，其他所有感觉系统也会受到影响，让孩子的生活变得更艰难。事实上，前庭感觉、听觉和视觉彼此关联。如果这几个感觉中有一个不能正常工作，另外两种也会受到影响。

已故的儿科作业疗法界传奇人物 A. 琼·爱丽丝（A. Jean Ayres）博士毕生致力于研究感觉统合，尤其关注前庭感觉。她认为："前庭系统将其他所有感觉系统连成一体。所有其他感觉都得根据前庭感觉的信息来处理自己接收到的信息……如果前庭系统无法和谐精准地运作，其他感觉就会紊乱且不精确，神经系统就会难以'启动'。"在当今社会，许多孩子由于缺乏足够的活动机会，前庭系统发育不够好，导致多动、沮丧、哭泣、易摔跤、易攻击他人，以及注意力不集中等问题。

　　行走和跑步可以为前庭系统提供锻炼，倒立、旋转、翻滚和摇摆都会给孩子的前庭发育带来好处。大部分前庭感觉所需要的信息可以通过普普通通的游戏获得，比如在单杠上倒立、在山坡上翻滚、跳舞跳到尽兴。

视觉

　　我们通过光来解读周围的事物，由此形成视觉。视觉能帮助我们调查周围的环境，确定我们自身相对于周围物体的位置。视觉会加强孩子们从其他感官得到的信息。一个孩子可能会闻到从另一个房间里传来烤松饼的味道，然后走过去用眼睛确认那里确实在烤松饼。

　　视觉可以帮我们确定某个物体是什么，认知它的一些属性，比如大小、形状和颜色，还可以帮我们回忆某个物体能不能碰、有多重等。视觉是人类生存中最重要的感觉系统之一。当一个视觉系统功能齐全的孩子站在大石头上时，他能够估计出自己距离地面有多高。如果看起来太高，大脑就会认为跳下去是件危险的事情；如果看起来不太高，再结合他上一次成功从多高跳下去的视觉记忆，那么这个孩子可能会尝试跳下去。

　　新生儿出生时就具备视觉能力，但目光的焦点很模糊。婴儿视觉发育的第一步便是学会用眼睛和头部跟随某个移动的物体或人，然后发育强壮的颈部肌肉支撑这种观察和扫视，并发育前庭系统支持着眼部的六块肌肉，其作用类似于照相机的三脚架，用来保持眼部稳定，这样目光就能聚焦在物体上了。发育完全的前庭系统还能够让眼睛敏锐地扫视全局，找到物体。因此，大量的全身运动能锻炼颈部和眼部力量，对视觉系统的正常发育至关重要。

有视觉问题的孩子可能无法聚焦在人脸或其他物体上，可能很难扫视房间找到东西，也可能很难预估眼前的距离。他们的眼睛可能只能看到明亮的物体，这就带来了安全问题，也让从黑板上抄写词句这种日常学习任务变得困难。需要进行视觉干预的孩子可能会经常抱怨头痛、经常揉眼睛、斜视、字写不好、画也画不好，还可能会存在阅读困难、注意力分散等问题。

如果你的孩子有视觉问题，请寻求验光师的帮助。如果光太亮让孩子不舒服了，可能的话给孩子准备一顶宽檐帽，在室内则可以把灯光调暗一些。有很多游戏，诸如捉迷藏、接抛球、荡秋千、玩蹦床，或者在游乐园里玩耍，都是让孩子在活动的同时锻炼视觉的好办法。

听觉

在感觉统合中，听觉扮演着重要的角色。听觉是我们的本能反应，它是一种原始的生理反射。听觉能力影响着孩子的警觉性和注意力。听觉是一种全脑、全身的参与，将我们自身与环境联系起来。人总是先听到，然后才互动、说话、阅读和写作。环境中的声音，比如鸟叫或其他自然噪声，能够让我们感知自身所处的三维空间。此外，聆听声音也会影响我们集中注意力和调节情绪的能力。因此，人们会根据情绪和"感觉"选择自己想听的音乐。还有人会在工作时播放某些类型的音乐，比如古典乐，来提高工作时的注意力。

声音有很多参数，包括音强（声音响亮的程度）、频率（发音体在单位时间内振动的次数）、音长（声音持续的时间）和定位（声音来自哪里）。如果孩子在听力方面有问题，那可能是因为他无法将声音的这些参数联系在一起。这样的孩子可能很难适应别人已经习惯的声音。比如，风扇转动声一般不会分散孩子写作业的注意力，但对于对噪声过度敏感的孩子来说可能就是困扰。

适应声音是人类生存的本能。声音会让我们改变身体姿势，让身体引导眼睛和耳朵朝向那个引起我们兴趣的物体。这些姿势实际上促使我们与周围的世界接触，让我们深呼吸，加强我们调节感觉系统的能力。

而交通噪声或警报声往往会激发人的"战斗－逃跑反应"，让身体摆出警觉的姿势，让眼睛和耳朵向外注意，好能监测外围环境。然而，身体并不能一直处于警觉压力的状态下。如果孩子经常暴露在巨大的噪声之中，或身处噪声污染的环境中，久而久之，他们理解声音的能力便会受到损害。也有的孩子对声音格外敏感，稍大一点儿的声音就会激怒他们，或引发"战斗－逃跑反应"。他们会捂住耳朵，感到焦虑。还有的孩子可能听不见别人喊他的名字，"杰尼……杰尼……"，可能你喊了好几遍，他才转头看你一眼。在内耳中，听觉系统和前庭感觉系统相邻，因此相互的影响很大。走动就会刺激听觉感受器，前庭感受器在听到声音时也会受到刺激。

嗅觉和味觉

嗅觉是一种很原始的感觉，能提醒我们注意危险，还能影响情绪状态。每当闻到烟味、变质的牛奶味和腐烂的肉味时，我们便感知到危险。我们会吸入气味，气流将其中的气体分子送到鼻子里的感受器上，再将神经冲动通过嗅觉通道直接送入大脑的边缘系统——一个负责产生情绪、动机和快乐的系统。其他任何感官都不可能像嗅觉那样影响我们的感受。比如，你闻到自己最喜欢的饭菜味道，可能就会想起上次与可爱的祖母一起吃饭的情景，这样的气味能带来快乐和幸福。

新生儿的嗅觉已经发育好了。所以嗅觉并不像其他感觉一样能在成长中得到进一步的发育和完善。新生儿的味觉也发育得很好。婴儿把东西放进嘴里来认知周围的世界。

嗅觉与味觉关系密切，感冒便是一个完美例证。如果鼻塞，你很可能会抱怨嘴里尝不出味道。这是因为，我们实际上是依靠嗅觉来辨别大多数食物的。人类可以闻到大约 1 万种不同的气味，但却只能尝出 5 种味道：甜、咸、苦、酸和鲜。因此，许多我们觉得自己尝出来的味道，其实大部分是通过嗅觉来辨别的。

在嗅觉和味觉感知方面有问题的孩子可能会喜欢某些特定的气味或味道，或者对某些特定气味或味道过于敏感。这样的孩子可能很容易呕吐或感到恶心。如果无法忍受某些气味或味道，那么他们便会挑食。我曾经接触过几个只吃 3 种食物的孩子。一般来说，如果孩子讨厌的气味和食物比较多，那么他会更愿意选择那些没什么味道的食物，比如普通面包、原味薯片。治疗师和父母会慢慢在孩子的食谱中加入新的食物，一次加入一种，来解决这个问题。

园艺活动可以激活嗅觉和味觉。如果孩子们自己种植蔬菜、浆果和其他能吃的植物，他们会更有可能尝一尝这些东西。他们会愿意品尝质地不同、味道也天差地别的食物。花园里各种花卉和草木的气味，与化肥和土壤的刺鼻气味形成鲜明对比，孩子们在这里接触到各种气味。采摘浆果，在明火上烹饪，品尝自己种植的植物等，都能增强孩子的嗅觉和味觉体验，也是家人之间难忘的亲密体验。

孩子的感觉统合能力

感觉统合就是将各个感觉系统接收到的刺激（气味、声音、图像、温度、平衡、重力）组织起来，协同工作。感觉激活得越多，我们对周围环境的感知就越准确。

感觉统合将各个感觉系统接收到的信息碎片整合到一起形成更大的画面。想象一下你正在赤脚爬树，你的双脚、双手、鼻子、眼睛，甚至肌肉和关节都会有不同的感觉。所有这些感觉汇总在一起，传输到大脑。经过统合，大脑才能知道你在爬树，然后让全脑、全身都参与到爬树这项活动当中去。

胎儿在子宫中感受到母亲的活动时，感觉统合就开始工作了。婴儿出生的第一年需要进行大量的感觉统合运作，这样孩子才能爬行，走路。孩子再大些就会通过各种运动和游戏继续统合各种感觉。虽然所有的孩子在出生时都具备健康的感觉统合能力，但他们必须在童年时期历经各种身体上的挑战，才能提高自己的感觉统合能力。

感觉统合有问题的孩子们会面临更多困难，体验更多挫折。比如孩子们可能很难知道自己在所处空间中的位置，也更容易受伤；在学校可能更难集中注意力，因为他们会被自己的身体或周围环境中的事物分散注意力。对他们来说，穿新衣服、吃新食物、写作业真的很让人感到崩溃。

定期让孩子们获得各种感觉体验十分重要。孩子们要多运动（跳跃、旋转、爬行、跳舞），多参与感觉丰富的游戏（在海滩上堆城堡、在水坑里戏水、在泥巴塘里玩），尝试新鲜事物，品尝新食物，甚至只是听听鸟鸣。一天中感觉体验的次数越多，感觉、大脑和身体就越能够有效地被整合起来。

随着有感觉统合问题的孩子的数量不断增加，预防这一现象变得至关重要。现在的问题是，没有足够的作业治疗师能为每个孩子都提供治疗！孩子们日常做的运动、玩的游戏，如果都能够帮助孩子挑战身体机能，那么他们会更好地适应环境，让感觉统合能力发展到更高水平。

大脑发育：在户外玩耍中变聪明

孩子的大脑每分钟都在迅速发育。大脑的发育很复杂，需要情感、感觉、运动、记忆、规划和学习等各部分互相作用。大脑让孩子理解周围的世界，进行有意义的思考，做出决定。大脑既复杂又迷人。接下来，我们化繁为简，只关注大脑的两个主要功能：社交情感技能和认知能力。这些能力都可以通过户外玩耍来提升。

社交情感技能

排队、遵守规则、恰当而健康地处理负面情绪、分享玩具、结交新朋友……以上这些都是健康的社交情感技能。与感觉系统和运动技能一样，孩子能随着时间推移，通过不断练习来一点点提高社交情感技能。

孩子在婴幼儿时期就开始发展社交情感技能。我们可以通过抱着、触摸、跟孩子说话这样简单的事情来帮助他们发展，也可以在他们玩耍、探索的过程中给予支持来帮助他们发展。作业治疗师称这种做法为"恰到好处"的帮助。比如，如果孩子想爬上台阶，父母就可以后退一步，看着他自己爬，也许需要轻轻推他一下，但大部分努力依然是他自己做出的。等下次他再尝试的时候，便更有信心迎接挑战。父母这样的帮助能教会孩子，大部分努力和坚持会带来成功。

对年龄大一点儿的孩子也是如此。我们听他们倾诉，与他们一起设立明确目标，给他们无条件的爱和支持，但也要尊重他们的独立。如果孩子想自己骑车去朋友家，让他去吧。这种独自行动是他寻求个人兴趣的机会，能增强他的自信心。此外，让孩子与其他孩子一起玩耍，能让他学习到重要的谈判技巧，学习到如何排队，如何以他人为先，如何安慰别人，还能学会更多宝贵的社交情感技能。实际上，远离成人世界和其他孩子一起玩，可能是让孩子培养强大的社交情感技能最自然、最有益的方式之一。

如果孩子缺乏社交情感技能，那他可能很难与其他孩子一起玩耍，很容易感到沮丧和愤怒，无法控制自己的怒火。缺乏社交情感技能的孩子往往无法对其他孩子的需求感同身受，也很难与他人分享，倾听别人说话，轮流表达意见，遵守规则。虽然孩子的社交情感技能是随着年龄增长会习得的能力，但尽早开始培养十分重要。要教他们明辨是非，倾听他们的声音，尽可能让他们在户外独立行动。

让孩子与朋友在户外玩耍会进一步提高他的社交情感技能。大自然创造了平静的环境。在自然之中获得的感觉非常丰富，却不会造成感官过载，孩子们可以尽情玩耍，不会遇到在室内游乐场所或学校操场上会遇到的让人沮丧的情景，也不会有太多噪声和其他压力源。在大自然中，孩子们远离成年人，与其他孩子一起玩耍，这让他们感到平和。他们有机会独自或凑成几人小组来解决问题。没有彩灯闪烁，没有嘈杂的干扰，也没有成年人时不时的叮嘱，他们玩游戏投入得忘记了时间，进行深入社交和解决问题的机会无穷无尽。因此，我们必须让孩子们有更多机会在户外独立玩耍，成长为坚强、自信、坚韧、友善又富有同情心的人。

认知能力

与其他所有能力一样，孩子也可以通过玩耍来发展认知能力。认知能力包括注意力、记忆力和思考能力等。这些技能利用对感觉信息的处理来形成认知，进而评估、分析、比较及了解因果关系。有些认知能力靠遗传，但大多数还是在现实生活中学到的。换句话说，学习能力和思维能力可以通过积累认知经验来提升。

孩子们接触自己感兴趣的东西时，更有可能触发所有的感觉。而当感觉投入其中时，便能加强感觉统合能力，这种高强度的感觉统合会让他们更容易学习新的东西。所以，父母要注意孩子对什么感兴趣，并给他足够的时间去探索。作为成年人，我们总以为自己知道怎样能够帮助孩子学习新东西。但是，如果我们后退一步，孩子往往会带我们找到对他们来说，最有趣、最有意义的东西。孩子们也有自己的喜好，他们自然而然会对这个世界感到好奇。他们会问问题，会对自己看到的东西动手实践，总想创造性地复刻他们学到的东西，而某些重要的神经连接就在这些活动中形成了。

如果我们不让孩子们自己选择玩什么，他们可能会很难形成更高水平的思考能力，比如无法说出自己的想法，不能很好地解决问题，也难以进行的创造性表达。因此，我们要让他们有大量的自主游戏体验，有足够的时间和空间去探索、创造，与朋友一起玩耍。这样，他们才有机会练习那些今后会用到的复杂认知能力，也才有机会探索自己智力和能力的边界。

理念总结

　　"不要爬了！""别骑车去亨利家！""不要跑！""没时间了！""别碰！""下来！"——如果我们经常对孩子表示否定，就很有可能看到这些语言对孩子的负面影响。我们总觉得自己知道什么对孩子最好，总是想保护他们。然而，如果我们不断催促他们，限制他们的行动，减少他们玩耍的时间，反而会让他们丧失自我保护的能力。让孩子有更多时间自由玩耍，我们就会发现他们身上的一些感觉统合问题都得到了改善。

BALANCED AND BAREFOOT

第 3 章

从受限运动到主动自由玩耍

**BALANCED
AND
BAREFOOT**

　　不受限制且不受监督的玩耍时间，是我们可以提供给孩子的最佳锻炼机会。这种玩耍应该是由孩子自我驱动、自我指导的，孩子甚至能选择玩还是不玩。他们能创设自己的游戏规则和等级制度，成年人只需要远远地看着孩子们徐徐展开这样一场复杂的游戏。

　　第 2 章讲解了身体是如何工作的，现在，是时候解决第 1 章中指出的城市孩子遇到的问题了。我的解决方法非常简单却很关键：每天让孩子有几小时的时间玩，最好能和其他孩子一起自由地玩。

　　你可能会想，孩子在学校会有时间玩的，他整年都在做各种运动，课间休息和体育课可以让孩子动起来。然而，孩子每天需要好几小时来锻炼身体，而且最好不要有成年人在一旁指导。如果你的孩子每天花在电视机前的时间比在外面玩的时间更多，那么你很容易就能发现孩子错失的活动时间了：看电视的孩子久坐不动，总是被动活动；而玩耍的孩子活动的机会更多，能够主动活动。计算孩子花在屏幕前的时间很容易，解决这个问题的办法也很简单，你可以为孩子建立看电视的新规则：每周只能看一两次，并且每天增加 2 小时以上的活动时间。

　　但想要发现孩子在生活其他方面错失的活动时间，就没那么容易了。长时间连续的上课时间，在书桌前写作业的时间，都是本该属于孩子尽情玩耍的时间。况且这种久坐给身体带来的危害表现在方方面面，有身体上的，也有精神上和情感上的。

本章会探讨在孩子运动时施加过多限制产生的严重影响。我们会先来看现如今孩子们运动时最常受到的限制，然后解释"主动自由玩耍"的重要性，以及该怎样做，又该如何培养孩子们的这种能力。

日常运动中，孩子常受到的限制

我有两个年幼的孩子，因此完全能对父母内心的担忧感同身受。父母习惯于阻碍孩子冒险。我们的本能占据上风，看见孩子爬到大石头上，或在凹凸不平的地方疯跑时，总会大喊"小心！""慢点！"。而我作为一名儿科作业治疗师，曾花了数不清的时间看孩子们在自然中玩耍。我知道，限制儿童的活动，限制他们户外玩耍的自由，实在是弊大于利。

现如今，孩子们活动和玩耍的能力受到前所未有的限制。婴儿总坐婴儿车会限制他们身体的活动，阻碍良好体态的形成。大一点儿的孩子上了学，在校期间需要连续坐上好几小时。放学之后，他们的时间表上排满了有组织的体育课、艺术课、音乐课等。这会让孩子们几乎没有时间参与主动自由玩耍，而主动自由玩耍才最适合锻炼孩子们的心肺功能，刺激他们的感觉系统发育。接下来，我们将详细探讨这些限制会对孩子产生什么影响。

小心那些育儿设备!

父母们真的很难拒绝那些育儿设备,比如婴儿摇床、弹跳椅、婴儿车等。这些东西可以让我们在洗澡、打扫、加班的同时保证孩子相对安全。然而,如果小婴儿总待在这些设备里面,身体就会出现一些问题,并可能导致在坐、爬、走等方面发育迟缓。

人们使用育儿设备的风潮,其实源自 1994 年美国国家儿童健康和人类发展研究中心(National Institute of Child Health and Human Development)发起的"仰睡运动",其目的是降低婴儿猝死综合征(sudden infant death syndrome)[1]的发生率。许多专家认为,婴儿猝死综合征的重要原因之一是让小婴儿趴着睡在软垫上导致的窒息。

"仰睡运动"发起后,婴儿猝死综合征的发生率明显降低。然而,许多医生和发育治疗师(如儿科作业治疗师、物理治疗师和言语治疗师)认为,这项活动客观上导致了育儿设备使用量上升,让更多孩子整天困在这些设备里。更多的孩子出现了"偏头"、发育迟缓、协调能力差、肌肉无

---

①婴儿猝死综合征,简称 SIDS,指 1 岁以下婴儿突然死亡的情况。这种情况完全不能根据患儿健康状态及既往病史预知,多发生在半夜至清晨,几乎所有婴儿猝死综合征均发生在婴儿睡眠中,常见于秋季、冬季和早春时分。——译者注

力、行为异常等问题。这些育儿设备会改变孩子的走路姿态和运动方式。这样的情况越发糟糕，治疗师不得不创造"设备婴儿综合征"（container baby syndrome）这个术语，来统称他们所见到的病例。

越来越多的证据表明，长久仰卧的婴儿在坐起、翻身和爬行等运动技能发展上会变迟缓。

尽管婴儿车、婴儿背具和婴儿摇床这些育儿设备确实有用，也很方便，但一天到晚把婴儿放在这些设备里会限制他们的行动，对他们身体的某些部位持续施加压力，影响身体发育，久而久之便会改变孩子的走路姿态和运动方式。

经常平躺也会导致婴儿的颈部和脊柱得不到锻炼。而强壮的颈部肌肉和核心肌肉是精细运动技能、视觉能力、身体意识、协调能力和平衡能力发展的基础。如果婴儿能花大量时间在地上活动（躺着或趴着都行），他们就能自由地活动四肢去探索周围的环境，触摸四周的物品，锻炼出强壮的肌肉和骨骼。

"乖乖坐好！"

一位小学老师告诉我，现如今的孩子们坐着的时间比以前要久。可能你已经在自己的孩子身上注意到了，也对教育系统要求孩子们坐着的时长感到惊讶。期望孩子们长时间坐着，可能是因为老师希望孩子们能够在低年级就适应越来越多的课程。在许多学校，即使是幼儿园的孩子也要连续坐满 30 分钟。

一位幼儿园老师告诉我，她一直有很大的压力，因为她得在学生身上看到"成果"。从幼儿园毕业的时候，孩子们需要学会读、写、加减计算。如果他们学不会这些，幼儿园就上得毫无意义，老师的工作也就毫无意义。她又告诉我说，在美国，许多人在推动改革，想让老师的工资与学生成绩挂钩，这也是很多老师不断逼着学生提高学习成绩的原因。

另一位幼儿园老师告诉我，她也没有办法，只能在孩子们很小的时候就逼他们学习。此外，老师们还要记录自己的教学过程，这让他们感受到巨大的压力，轻松有趣的学习环境往往就泡汤了。很多孩子必须乖乖坐着。他们不是只坐那么一会儿，大多数孩子需要每天坐上好几小时来学习。孩子们缺乏运动，又长期久坐，这会对心灵和身体都造成严重损害。

有一所中学为了在课表里排进更多的课程而取消了课间休息。我十分好奇，于是决定亲身体验一下这所学校的环境。我到了学校，像个学生一样坐在教室里。除了起身和换教室上课时能有点儿短暂的休息时间之外，我跟孩子们一起在教室里连续坐了 3 小时。有那么一会儿，我低头看到我的腿在微微颤动，我有点儿坐不住了，抬头看了看，发现周围的孩子们也没好到哪里去。那些没有坐立不安的孩子直接趴在了桌子上，或者懒洋洋地瘫在椅子上。

　　我开始扭来扭去，扭出一些尴尬的姿势来避免走神，但这并没有什么用，大约 45 分钟以后，我已经听不进去老师在说些什么了。我周边的孩子们也一样，他们开始举手要去厕所，不然就是要削铅笔，反正就是不想坐在椅子上。我本来打算在这儿坐上一整天的，但发现自己做不到，于是决定吃完午饭就走。连续坐 3 小时完全耗尽了我的精力，我极其想睡个午觉。

　　连我这样一个成年人都无法连续坐上好几小时，又怎么能期望孩子们做到呢？要知道，如果连着几小时不能动，是很难集中注意力的。所以孩子们才总是乱动！为了保持兴奋，孩子们需要在椅子上来回移动来激活前庭系统，这个动作能让大脑集中注意力，而不是他们想搞破坏，或者没有兴趣学习。事实恰恰相反，他们正在竭尽全力倾听和学习，可是他们一天都没能得到足够的运动，身体就是会开始晃动、摇摆，他们会在椅子上扭来扭去，这是他们集中注意力的方式。

　　老师们不想让孩子们受伤，也不想让他们打扰别人，于是要求他们集中注意力乖乖坐着，但这对孩子们来说很难实现。如果他们总是静静坐着，身体静止，脑袋也静止，那么就会失去大脑被激活的机会，更难完成老师布置的任务——集中注意力和学习。为了学习，孩子们不得不集中注意力；而为了集中注意力，他们需要活动身体。

　　而且，坐上整整一天还会伤害身体。如果日复一日地久坐，我们的身体就会屈服于这些不正常的姿势，习惯这种久坐不动的生活方式，导致肌肉萎缩，韧带紧绷，感觉系统发育不良。孩子们会身体变弱，体态不良，感觉系统处理周围环境中的信息时效率低下。

电子产品限制了孩子

美国儿科学会的研究数据表明，孩子们平均每天要在电子屏幕（电视机、电子游戏机、电脑、智能手机等）前待好几小时。在 12 岁到 17 岁的青少年中，至少有 75% 的青少年有自己的手机，而且几乎所有青少年都使用短信。

在 TimberNook，我看到过一个小孩走到一棵树前面，问这棵树它的按钮在哪里，我也看见过其他孩子试图用玩具吸引这棵树跟他们一起玩耍。电子游戏和一些电视节目是专门为了娱乐而设计的。很多父母觉得，孩子的每分每秒都要被娱乐活动填满。父母如果要做家务或者洗个澡，就会把孩子放在电视机前，或让孩子玩一会儿电子游戏。孩子们从很小的时候就适应了这种生活，结果如何呢？孩子们变得无法独立思考，失去了想象力，甚至失去了在现实生活中的游戏能力。

有一个 8 岁的女孩，几年前来 TimberNook 参加夏令营。对她来说，自由玩耍的时光是最难挨的。她会走到工作人员面前问："接下来要做什么？"我们回答她："现在是玩耍的时间。"然后，她就会坐在树桩上。她不肯相信自由玩耍这件事，所以除了上厕所和进行其他有组织的活动的时间，其余时间她都坐在那里，无论多少孩子邀请她一起去玩，她都不肯动。

有几位大学教授告诉我，这种缺乏独立性和创造力的现象甚至也出现在大学生身上。他们发现，越来越多的大学生无法解决简单问题，无法进行创造性思维，甚至无法应对论文答辩。一位教授指出，我们是要培养更多的游戏设计者，而不是培养出越来越多的游戏玩家。

最重要的是，玩电子游戏、看电视会让人上瘾，浪费宝贵的时间。孩子们跟朋友一起打棒球不会打得忘乎所以，不会像看电视一样没有机会锻炼自己协商规则的能力，没有用健康的方式刺激感觉系统，而是日复一日地在室内坐着。有时，父母会把孩子放在电视机前，希望电视节目能帮助孩子放松或冷静下来，但通常情况是适得其反。

明亮的颜色在孩子们眼前闪烁，激活大脑中的"战斗－逃跑反应"，但身体并没有给予回应。这就是为什么关掉电视机或结束游戏时，孩子们常常会大发雷霆，因为他们的大脑受到了刺激，但身体没有机会活动。偶尔玩玩游戏、看看电视并没有任何问题，但只应是偶尔为之，而不是变成日常习惯。孩子们的时间已经很宝贵了，父母应该给他们现实的游戏体验，帮孩子平时少看点儿电视，少玩点儿游戏，等到雨天或特殊时刻再享受电子产品带来的快乐也不迟。

超负荷计划导致不堪重负

你可能会对自己每天、每星期能做些什么规划得很好。作为忙碌的父母，你要工作，要采购，要做家务，还得安排好孩子的活动。当然，总有些时候忙得飞起，但我们知道自己的极限在哪里，知道什么时候说不，知道怎么排列优先级，知道如何放松自己。不过，我们有没有停下来思考过，孩子的一天是怎样的？有没有想过，孩子大脑中负责高级逻辑思考（如做决定、理解后果和排列优先级）的部分还没有发育完全？让我们来看看一个典型的现代孩子在一天里都会做些什么。

萨拉是个可爱的 9 岁小姑娘。早上起床后，她会很快穿好衣服，因为她知道，如果早饭吃得够快，妈妈就会让她在上学之前看会儿动画片。她刚吃完最后一口，就跑去看《乐一通》(*Looney Tunes*)①的重播。20 分钟一下子就过去了。

萨拉住在城郊，开车去上学大概要 25 分钟。她妈妈对这么长的路程有些内疚，于是允许萨拉在车上玩 iPad。当萨拉走到课桌旁时，老师已经

---

①《乐一通》是华纳兄弟早期推出的卡通系列片，其中的主要角色有兔八哥、达菲鸭和猪小弟。——译者注

喊道："各位！请坐好！"然后，除了匆忙吃个课间餐、简单吃个午饭和20分钟的休息之外，萨拉基本要坐上一天，最后放学回家。

萨拉回家依然要坐25分钟车。她坐了一整天，浑身的精力无处释放，到家后立马朝着院子里的秋千跑去。"不行！"妈妈叫住她，"先把作业写了。"萨拉咕哝了一句，不情不愿地走到餐桌旁，抽出作业本。

"啊……"萨拉抓着头发大叫，"烦死了！不会做！"风清日朗的一天，她花了90分钟完成作业，写到最后筋疲力尽。在哭了两次之后，她愤怒不已，也疲惫不堪。"我能玩会儿 iPad 吗？"她问妈妈。妈妈觉得萨拉的表现很好，可以玩一会儿，于是说："当然可以。但咱们30分钟后要去参加女童子军活动，别忘了呀。"

女童子军活动结束之后已经很晚了，萨拉和家人去汽车餐厅①买了点儿吃的。回到家之后，萨拉拿起小说《哈利·波特》看了30分钟，然后熄灯睡觉。明天，她将重复今天的活动，只是不用参加女童子军活动了，改去上篮球课。

这样的日常听起来熟悉吗？可能你家跟萨拉家不太一样，可能你会在

---

① 美国的汽车餐厅是以驾驶员为主要服务对象的餐厅，多建于高速公路服务区或公路路口，有专门的汽车道、点餐窗口和取餐窗口，驾驶员不用下车便能购买食物，方便快捷。——编者注

家做晚餐，这样就可以回家吃饭了；也可能你有不止一个孩子，那这样的日常跟你家比起来实在不值一提。无论如何，我们每天都被塞得满满的，忙到飞起。孩子们没有时间在户外自由玩耍，而户外自由玩耍可以让他们重新安排协调生活，让他们暂时远离这种本没必要如此忙碌的日常。

现如今，父母普遍觉得参加团体体育活动比在公园里自由活动要好。我不是说体育活动不好，我相信体育活动非常有价值：能教会孩子什么是责任，能让他们学会团队精神，培养他们的毅力、耐心、耐力、忍受力，让他们勇于面对竞争带来的挑战。正是因为父母也有这样的想法，才会用这种活动取代孩子们的主动自由玩耍。而恰恰是主动自由玩耍才能培养孩子的想象力，锻炼孩子的自主能力，帮助他们均衡地发展各个感觉系统。

我还记得 20 世纪 80 年代的时候，我打垒球，也踢足球。那时候，我们差不多每星期练习一次，偶尔在星期六比赛一场。平日和周末的大部分时间，我都跟我的好朋友杰西卡一起在户外玩耍：在城里骑自行车，去车库大卖场买公园野餐需要的物品，还给邻居洗车挣点零花钱。

而今，有组织的体育活动几乎占据了孩子们的课外生活。在美国，60% 的男孩和 47% 的女孩在 6 岁的时候参加了体育队。就算孩子只有三四岁大，也会穿上球衣到球队里训练。父母给孩子换新设备、挑新头盔、买高价制服、报私人课程，就是为了让孩子获得某种"特长"。体育训练和比赛不再是每星期去玩一次，也不再能悠闲度过，小学生每星期要训练三四次。而在以前，这么大的训练强度是体力和脑力都发育得更好的中学生才能适应的。

孩子们不仅要参加有组织的体育活动，还会在同一时间参加不同的体育活动，被迫去参加兄弟姐妹的活动和比赛。为什么要参加这么多运动项目呢？就是为了让孩子忙碌起来吗？如果是这样，那孩子们自己玩不好吗？让他们学会安排协调生活不好吗？我们总要求孩子们参加有组织的体育活动，而不是让他们自己选择，这会让我们忽视儿童健康发育中的一项重要原则：有组织的体育活动确实能让孩子得到锻炼，但这样的活动应该是主动自由玩耍的补充，应该只是蛋糕上的糖霜，而不是一整个蛋糕。

如果孩子们可以在没有成年人干扰的情况下，在户外自由组织自己的运动游戏，他们便可以在不同层面上丰富运动体验：

▶即兴游戏是一种选择，不是一项任务。

▶即兴游戏也是玩耍的一种形式。

▶孩子们会自然而然地创立规则，设立边界。

▶孩子们能自己决定何时停止游戏，他们随时想停就停。

▶能够培养孩子们的团队精神。

▶孩子们可以互相竞争，他们会知道游戏有胜负之分，而无论胜负，这样的经历都对培养坚持、克制、勤奋等品质不可或缺。

▶孩子们能学习理解他人，适应他人的需求，而不是只满足自己。

▶孩子们知道自己可以掌控规则。

▶因为参与设计游戏或游戏规则，孩子们会有更大的成就感。

▶孩子们能够根据自己的体力做出调整，自己决定是当个棒
球投手还是守门员，自己决定是否要休息，等等。

▶每个人都能争取机会，不用坐在冷板凳上等。

我曾经治疗过一个非常焦虑的孩子。我问他父母，他每天都做些什
么，他父母告诉我，他每天都会上一两个课外班，周末也上。他们几乎没
有时间来我这儿进行作业治疗，更不用说找时间带孩子出去玩了。

长时间坐在学校，家庭作业过多，课外班更多，难怪孩子们越来越焦
虑，无法独立玩耍，更无法创造性地玩耍，不能正常发展感觉系统。

自由玩耍可以让孩子们锻炼出强大的肌肉力量和感觉系统，培养创造
力，开发出健康的社交情感技能。因此，我们需要给他们时间去玩。如果
他们的时间表被排得满满的，全都是有组织的各种活动，他们就几乎没有
时间自由玩耍了。而户外自由玩耍能加强孩子们的思考能力、运动能力和
创造力，有着那些由成年人指定规则的游戏永远无法比拟的优势。

父母后退一步的智慧

主动自由玩耍最重要的就是自由。想玩什么玩什么，想探索什么就去探索，想在周围闲逛就闲逛；自由地犯错误，自由地跳跃、旋转、舞蹈、大喊、攀爬，自由地冒险；活动身体，激活感官，激发想象力，让整个身体和大脑同时参与其中，这就叫作主动自由玩耍。孩子们在探索周围环境时，神经元正在全速运转。只有这时，他们才是完全主动的。

但现在，孩子们一起出门去玩的场景已经成为过去式。不要再给孩子的时间表里塞太多东西了，而要给他们更多机会出去玩，促进他们身体和大脑的发育。现在，这比以往任何时候都更重要。

让孩子自由玩耍

不受限制、无人指导的玩耍，是我们可以提供给孩子的宝贵锻炼机会。我曾经有幸听过彼得·格雷（Peter Gray）的演讲，他是儿童游戏演化方面的研究者，是我称为"游戏专家"的那类人。在他看来，"玩耍"有其独特的品质——玩耍应该是自我驱动、自我指导的，你永远都能选择玩还是不玩，玩耍的终极自由就是不玩的自由。

　　根据格雷的说法，当成年人接手指导孩子们的游戏时，这场游戏就不能被称为"玩耍"了。例如，成年人主导的课堂游戏对愿意参加这些游戏的孩子来说可能很有趣，但对不想选择参加这类游戏的孩子，可能不啻一次惩罚。踢罐子或捡篮球这类游戏，如果孩子们自己玩，那就是"玩耍"，如果由大人组织起来玩，就不是了。

　　真正的玩耍是由心理规则指导的。孩子们在一起的时候，就会订立自己的规则。如果孩子们玩过家家，就会为彼此分配角色。"我当妈妈。"一个孩子喊着。"不行！你当姐姐怎么样？"另一个孩子建议。"好吧，那我下回要当妈妈。"第一个孩子回应。无论成年人怎样看，孩子们的游戏规则都会非常复杂而有序。

　　在 TimberNook，我们经常会看到孩子们创建自己的社会规则，甚至自己的等级制度。他们会扮演"顶级间谍""帐篷保护者"和"第一指挥官"等角色，向稳稳坐在树上的那个戴着羽毛面具的"首领"汇报。他们对抗其他团队，决定"攻击"的方法，制定隐藏"货品"的策略。有时，孩子们会记住这些复杂的游戏规则，第二年夏天继续来玩。没有成年人给他们建议，实际上，成年人都远远地看着，内心充满敬畏，看着孩子们徐徐展开这样一场复杂的游戏。

　　游戏也是一项富有想象力的活动。孩子们可以当真，但又好像并没有那么当真。他们可以感觉很真实，但又知道并不是真实的。孩子们可能会十分沉迷游戏，好像沉浸在另一个世界里一样。我曾经看见过两个小男孩一起玩一个超级英雄的游戏，其中一个小男孩停下来问另一个小男孩：
"等等！这是真的吗？"有时候，他们会从游戏中脱离出来，休息一会儿，
吃点儿零食，去吃午饭或者去厕所，这时就会有一个孩子喊："停下！休
息一下吧！"其他一起玩的孩子想确认是不是只是休息一下，待会儿还会
继续玩，于是问："待会儿还回来玩吧？"

玩耍不是为了结果，而是为了玩耍的过程。在大多数情况下，孩子们
希望能一直跟朋友们玩下去，会发展出新形式，制定新规则，不断评估和
思考。当然，玩耍也不应该给孩子带来压力。在玩耍过程中，他们可能并
不总是快乐的，因为规则需要协商，总会有人时不时伤害他们的感受。但
他们可以选择不玩，也可以自由地改变游戏体验。

让你的孩子自由玩耍，就像给他一份非常特别的礼物。这份礼物会让
孩子不断从中汲取能量，培养生活必要技能，以便为成年生活做好准备。
玩耍能给孩子发挥创造力的机会，让孩子练习调节情绪，发展社交技能，
在玩耍中了解自己。

远离成人世界玩耍，孩子们能发现很多机会，体会自由的感觉。自由
玩耍是一片沃土、一块空白的石板，孩子们可以在上面书写自己的故事，
想写什么就写什么。他们对自己的游戏体验有控制权，还能对周围的东西
发挥创造性。一根树枝可以变成魔杖、武器、钓竿、竹马、建筑材料或工
具；树叶可以作为原料煮汤，也可以成为艺术品、药品、金钱、装饰品，
等等。可能性无穷无尽。

孩子们自由玩耍时，想玩什么就玩什么，想和谁玩就和谁玩。想出一些玩耍的规则很有趣，对孩子们来说也是一种思维挑战。他们如果想和别人一起玩，就必须学习如何邀请别人加入进来。他们也会学会向别人推销自己的玩耍方式，让自己玩的东西听起来既有趣，又值得参与。只要有几个孩子加入，他们就会开始协商规则，创造出更复杂的游戏规则。

与人协商是件很微妙的事情，一来一回之间，他们便会知道如何妥协与他人合作，如何自我指导产生有创造性的想法。这些都是培养创造力、独立性和社交技能的重要部分。社交技能真的需要从现实生活中学习，而无法从教科书中习得，老师也无法教给你。与他人交谈互动有障碍的孩子可以在放学后参与角色扮演活动，但这绝不如亲身实践如何结交朋友更有效。

通过玩耍和冒险，孩子们也能了解自己。他们会发现自己的兴趣，知道自己的能力所在，还能学会调节情绪。孩子们爬上大石头和朋友们一起野餐，或者协商半天制定了新的游戏规则，只是因为有的孩子说如果不协商就不玩，这些都可以帮助孩子们学习如何克服挫折、恐惧和焦虑。

每次玩耍时，孩子们都能测试自己的身体和心理能力的边界在哪里，随着一次次玩耍，这些能力边界不断扩展。无论是爬树爬得更高一点，还是另一个孩子同意跟他们一起玩，都会增进他们的自信心。为了能让游戏进行下去，他们学到了人要有耐心、做事需要坚持。通过自由玩耍，孩子们变得灵活、能抗挫、有能力。自由玩耍为他们长大成人后拥有成功的职业生涯，与他人建立长期关系奠定了基础。

孩子在户外应该这样玩

为了解决美国日益严重的肥胖问题，人们办了越来越多的运动训练班、青少年体育队、跑步团体和针对儿童的健身营。无论是瑜伽课还是跑步课，都在美国遍地开花。然而，美国儿童的腰围依旧在增长，肥胖率持续上升，美国疾病预防控制中心（Centers for Disease Control）预测，到2030 年，美国的肥胖率将达到 42%。

很明显，我们成年人为孩子组织体育活动，鼓励他们参加各种体育项目，甚至在他们三四岁时就带去上各种体育课，也没能阻止他们变胖。人们推动有组织的体育运动是善意之举，却忽略了这样一个事实：几十年来，孩子们只是在户外瞎玩，不穿那些花哨的球衣，也没有严格的日程安排和规矩。他们放学后和朋友们一起打篮球，在田野里玩几小时的捉人游戏，或者在没有大人参与的情况下在树林里建造堡垒。

这种形式的自由玩耍不仅激发了他们的想象力和创造力，还在玩耍的这几小时里，全方位锻炼了他们的身体机能。没有人给他们制定规则，他们自己就能制定，然后看看在玩自己感兴趣的游戏时，自己到底能不能胜出。他们在游戏中提高自己的感觉统合能力和肌肉强度，学会克服困难达成目标。

传统的冰球游戏就是主动自由玩耍的一个好例子。尽管今天依然有很多人在玩冰球，但孩子们很少能在天然冰面上开展游戏。以前，各个年龄段的孩子们都会拿着冰鞋到天然冰面上玩。如果出来玩的孩子足够多，冰也足够厚，他们就会分组打冰球比赛，他们会设定击打的目标，从装鸡蛋的箱子到立在冰上的滑雪杆都可以作为击打目标。

他们会根据自己的能力选择参加哪个组。他们会规定击打力度，这样才能成功把球传给年龄小一点儿的孩子，而不是以年龄大一点儿或技巧更好一点儿的孩子的水平为标准。崎岖不平的冰面进一步锻炼了孩子们的平衡能力和运动能力。

最重要的是，没有大人在旁边发号施令，孩子们自愿选择怎么玩。他们可以开心地在冰上滑上几小时，直到太阳落山。他们挑战自己的身体和极限，每次回到冰面上，滑冰技巧都得到了提高。

让孩子肌骨强健

主动自由玩耍能促进肌骨发育，提升孩子的稳定性、耐力和力量，有效防止受伤。如果能让孩子们在户外玩耍就更好了。科学家对挪威和瑞典的学龄前儿童进行了对比研究。在研究中，一部分儿童在相对平坦的游乐场所玩耍，另一部分在有大石头和树木的复杂场地上玩耍。研究发现，在自然环境中玩耍的儿童在运动技能方面表现更好，尤其是平衡能力和敏捷性都会得到更好的锻炼。

生物力学专家凯蒂·鲍曼说，如果儿童每天都能进行强度不大的力量练习，他们很快就可以发展出支撑自己体重所需的肌肉力量。而这类练习可以在玩耍中自然而然地发生。玩耍时，孩子们会捡起沉重的树枝去盖房子，在起伏不平的海滩上跑来跑去地装水，翻越篱笆、跨过原木跑向田野的另一边。在户外玩耍时，他们的每一次动作、每走一步、每一次与大自然接触，都能增强肌肉力量。

户外环境是不可预测的。石头、树枝和原木有各自不同的体积和重量。孩子们必须学会调节自身力量，每次攀爬和跨越都能测试自己的体能极限。攀爬、悬挂和挖掘等活动，也有助于核心力量和上身力量的发展。在户外崎岖多变的地形活动能锻炼腿部、脚踝和足弓的肌肉，而通过玩耍增强肌肉力量，能让脊柱和四肢更加稳定、强壮。

主动玩耍也能加强肌腱和韧带的力量。孩子们在户外活动玩耍时，会自然地伸展延长肌腱和韧带，扩展活动范围。例如，他们伸手去抓住树枝，或爬到某块巨石之上，就是在扩展自己的活动范围。如果肌腱和韧带总处于不使用的松弛状态，就会缩短，变得紧密、没有弹性。而没有弹性的肌腱和韧带会更容易撕裂。因此，儿童需要运动、玩耍来维持肌腱和韧带的健康弹性，以防止受伤。

骨骼与肌肉一样，要通过改变身体的负荷量和负荷形式进行锻炼，比如在凹凸不平的地面上跑步、从小石头上跳下来、在水坑里跺脚等，都是健康的受力方式，能够促进骨骼发育。孩子们如果没有足够的运动机会，他们的骨骼就会分解、释放钙。这些钙质被身体重新吸收后，会让骨骼变得脆弱易断，从而增加骨折的风险。美国南伊利诺伊大学医学院的儿科助理教授谢里夫·乌那尔（Sheref Unal）博士强调，从孩子可以到处跑开始，就要注意锻炼强壮的骨骼。他指出，在室内久坐不动，阳光照射不足会导致维生素 D 缺乏，这是造成儿童骨骼脆弱的原因。孩子去户外活动能获取更多维生素 D，主动玩耍能发育出强壮、健康的骨骼。

"重活儿"对孩子的好处

主动自由的户外玩耍能促进肌肉和关节的发育，让孩子发展出强大的本体感觉。孩子们与周围环境互动时会有推拉等动作，这就是在适应新的重力负荷，经常这样锻炼便会增强骨骼和肌肉的力量，提高孩子们对自己肌肉能力的感知，帮他们对自己的身体做出更准确的定位。

把雪橇拉上山、挖坑种花、爬树，这些都是户外"重活儿"的最好例子。所有这些花费力气的活动都能让肌肉和关节更加努力地工作。例如，爬上山坡会为核心肌肉和腿部肌肉增加重力负荷，从根本上锻炼这些部位；挖掘泥土会增加对肩膀、手臂、手腕周围肌肉和关节的刺激；爬树则可以激活攀爬过程中会用到的肌肉和关节。

孩子们在户外玩耍的时间越多，遇见自然形式的"重活儿"的机会就越多。久而久之，身体会适应各种形式的负荷和力量，就能发展出更好的身体意识，并知道在与环境互动时应该使用多大力气。换句话说，孩子们学会了在玩捉人游戏时应该用多大力，在抱小鸡时又应该用多大力。

在户外玩过几年之后，孩子们会有更强的本体感觉，为将来从事更精确的工作（如锯掉枯树枝，或熟练准确地使用缝纫针）打下坚实的基础。因此，让孩子们有足够时间去户外玩耍，可以让他们有良好的身体意识，学习准确地评估自己与周围世界，知道如何与环境互动。

旋转对孩子的好处

只要有机会，孩子们天生就会旋转、倒立、滚下山坡。当你的孩子为了好玩转来转去的时候，你有没有观察过他？孩子们跑动起来的时候，他们内耳中的毛细胞就会被激活，然后把运动信息沿着整条脊髓传输，维持肌肉张力和身体体态。在本质上，旋转及相关运动都有助于前庭感觉的健康发展。旋转能帮孩子们获得良好的身体意识，感受身体核心，让孩子能控制自己的写作姿势、投掷方法，协调两侧身体。这就是应该允许孩子们在山坡上翻滚、转圈的重要原因。

现在，随着孩子们旋转的机会越来越少，以及旋转木马的逐渐消失，一个新的问题出现了：越来越多的孩子面临学习障碍。美国俄亥俄州立大学医学院的戴维·克拉克（David Clarke）通过研究证实了旋转能带来积极的结果。某些旋转类的活动能锻炼课堂所需的警觉性、专注力和平静心态。

我从很多孩子那里听说，学校不许他们在秋千上转着玩儿，仅仅是在平地上转着玩儿也不行。近年来，越来越多的学校禁止学生进行旋转类活动。大人们告诉我，他们担心孩子会头晕、摔倒，进而受伤。然而实际上，旋转可以帮助孩子们发展出更好的身体意识，也能帮助他们提高注意力。如果孩子们能通过大量旋转、倒立刺激前庭感觉，久而久之，就能更轻松、更有力、更精准地驾驭周围环境。他们会变得身体更协调，脚步更稳健，不太可能绊倒或撞上东西。良好的前庭感觉也能让他们在课堂上更加集中注意力。

我们不要剥夺孩子这些能促进感觉系统及运动能力健康发展的机会。我们只要允许孩子们充分运动，减少对他们的限制，他们自然而然会寻找到适合自己的方式，发展出健康的感觉统合能力。

加强免疫系统

前文提到过，现如今儿童患感冒和过敏等疾病的人数逐年增加，而要想解决这些问题，运动的作用不应被忽视。孩子们如果能定期运动，就会增强身体不同部位的血液流动，增加氧气摄入量，激活他们的淋巴系统。

淋巴本质上是一种透明、无色的液体，含有抗感染必不可少的白细胞。淋巴系统将淋巴细胞输送到身体的不同部位，帮助身体清除毒素、废物和其他不需要的物质。

淋巴系统对维持免疫系统的健康至关重要。淋巴系统与循环系统不同，它不需要心脏泵血来提供动力，也只能朝着一个方向前进。这就意味着淋巴系统依赖于肌肉和膈膜的运动，来为系统补充能量、清除毒素。如果淋巴系统因缺乏运动变得丧失活力，那么身体对感冒等疾病的抵抗能力就会减弱。

据报道，跳跃和与之类似的剧烈活动可以让淋巴细胞流量增加 15~30 倍。淋巴学家戴夫·斯克利文斯（Dave Scrivens）说："淋巴系统是身体新陈代谢的垃圾桶，可以清除体内毒素，如死亡细胞、癌细胞、含氮废物、传染性病毒、重金属和其他各种垃圾。弹跳运动能够刺激淋巴系统自由流动，从而排出潜在毒素。"运动也有助于刺激肠道，形成正常的肠道运动，促进消化畅通。弹跳运动还可以增加心脏泵血量，久而久之，便会扩张肺部，增加氧气的摄入量。

因此，为了增强孩子们在户外玩耍的耐力和力量，我们需要让孩子们经常进行户外活动。由美国卫生与公众服务部（US Department of Health and Human Services）发布的《美国人体育运动指南》（*Physical Activity Guidelines for Americans*）建议，儿童应每天进行 60 分钟或更长时间的体

育运动。我曾经采访过我特别尊敬的按摩师法里亚医生，她表示："每天
60 分钟的运动只是为了预防疾病，并不能保证儿童健康发展。"

孩子们每天需要运动几小时，才能发展良好的感觉与认知，保证健康，而只有这样，才能培养出强壮、自信又有能力的孩子。成年人每星期只锻炼一次并不足以充分改变健康状况，与之相似，每星期踢一两次足球也无法满足孩子的需求，不足以对他们的感觉系统产生持久影响。孩子需要每天去户外做各种游戏。人类生来便要活动，适应了某种强度的活动，然后尝试更高强度的活动。

孩子每天自由玩耍多长时间才够

你怎么知道孩子主动玩耍的时间是否足够呢？孩子只有每天都运动，才能发展出强壮和健康的骨骼肌肉及良好的感觉系统，为将来发展出更高水平的身体机能和思维能力奠定基础。在理想情况下，所有年龄段的孩子每天至少要有 3 小时的户外自由玩耍时间。

▶ **婴儿（1~12 个月）**：最好能每天都有机会在户外玩耍，婴儿的身体活动会促进感觉统合，促进重要运动技能发展。

▶ **幼儿（12 个月 ~3 岁）**：蹒跚学步的幼儿每天至少需要 5~8 小时的主动玩耍，最好是在户外。这么大的孩子一整天都会很活跃。只要有足够时间自由玩耍，他们就会找到自己需要的运动方式来发展自身能力。

▶ **学龄前儿童（3~5 岁）**：学龄前儿童每天应有 5~8 小时来主动玩耍。学龄前儿童需要通过主动游戏学习如何生活、如何长大。让他们有足够时间主动玩耍绝不会错。

▶ **学龄儿童（5~13 岁）**：学龄儿童每天需要 4~5 小时进行体育运动和户外玩耍。上小学的孩子全天都需要活动，这样才能在传统的学校环境中学习。他们应该在课前、课间和课后有足够的时间来活动身体。

▶ **青少年（13~19 岁）**：青少年每天需要活动 3~4 小时。青少年依然需要活动，这样才能促进大脑和身体健康发育，调节新产生的情绪，并与朋友们在大自然中提升社交技能。

保证孩子玩耍质量的 11 个原则

保证孩子有足够的时间玩耍很重要，而玩耍的质量更重要，因为玩耍的质量会决定他们能发展出多少能力。如何保证孩子的玩耍质量呢？以下是 11 个基本原则。在后面的章节中，我们会继续详细解释。

▶ 每天都给孩子足够的时间在户外玩耍。

▶ 在校时应给孩子足够的时间去运动。

▶ 休息时也应给孩子足够的时间玩耍。

▶ 允许孩子在上学前进行一些活动，比如帮忙做家务。

▶ 放学后，至少让他们在户外玩上几小时。

▶ 年幼的孩子不需要进行有组织的结构化运动，他们可以通过
玩耍得到充分锻炼。

▶ 邀请其他孩子到家里来和你的孩子一起在户外玩上一天。跟
朋友们一起玩耍时，你的孩子可能会更自立。

▶ 如果你的邻居也有孩子，让你的孩子出去跟他们一起玩吧！

▶ 让孩子去冒险，即便是年龄很小的孩子也应该尝试，比如从
一块石头上跳下来。

▶ 与其让孩子选择由成年人主导的活动，不如利用周围环境，
让他们自己去想玩些什么。

▶ 最重要的是，每天给孩子玩耍时间。

理念总结

　　课间休息或在家时，老师或父母并不需要给孩子安排什么活动，只要放手让他们有足够时间自己在户外活动就够了。孩子们会自然而然地创造玩耍的机会，寻找他们需要的运动类型，确定他们想玩多长时间，不需要成年人干预。这样的玩耍对身心健康发展至关重要，它能够促进孩子们发展创造力和独立思考能力，也能让他们更自信，更会调节情绪，还能帮助他们建立健康的感觉系统和免疫系统。

BALANCED AND
BAREFOOT

第 4 章

户外玩耍的治疗价值

**BALANCED
AND
BAREFOOT**

　　户外环境是无法预测的，孩子在户外玩耍时经常会遇到意料之外的情况。户外环境会逼迫他们评估周围的环境和风险，想办法战胜困难。在完成了不可能完成的任务后，孩子会知道努力的价值。在一次又一次的尝试中，他们从身体和心理两个维度了解到自己的能力。此外，户外的大自然还可以让孩子平静下来！

　　你可能会觉得，孩子整天都在自由玩耍，总是跑来跑去，为什么非到户外不可呢？大自然有什么特殊之处是人类不能复刻的吗？从绿草如茵的山坡上滚下来和从体育馆的人造坡上滚下来有什么不同呢？在浴室里把剃须膏玩得乱七八糟和在外面把泥巴玩得一塌糊涂，不是一样的吗？本章将解答这些问题。

户外环境无可替代

　　实际上，不只是传统意义上的游戏，所有能在室内进行的活动，在室外都可以进行。一个人只要有一点儿创造力，再事先准备准备，即使是吃饭和洗澡这样的日常活动也可以在户外进行，让户外之旅变成一次妙趣横生、丰富难忘的经历。所以，快拿上野餐用品和大塑料桶出门去吧！

想象一下，一个女孩从她的玩具箱里抓出一根魔杖，在房间里旋转跳跃，挥舞着手臂将书本和娃娃变成青蛙和公主。她幻想着会有一个坏女巫从窗外进来，便考虑要用床单和枕头堆一个堡垒，但又担心这样做会把屋子弄乱，于是改了个主意，决定还是玩换装游戏。她想扮成一个芭蕾舞者，但只能找到一条仙女裙，这可不是芭蕾舞者穿的衣服。于是她放弃了，打算干点儿别的。

但如果在户外，这个女孩的玩耍方式便会截然不同。她发现一根粗糙弯曲的树枝，立刻决定将它作为魔杖。于是，大山变成逃避恶龙追击之所，她跑上山，迎面而来的风幻化成巨大的风暴，她只能顺着山坡滚下去；落叶汇成想象中的熔岩池，她必须小心翼翼地从一块石头跳到另一块石头上。

室内总会有些需要遵守的规则，物品也有其特定的功用，就连那些意图激发孩子创造力的玩具也可能只被开发出其中一项功能。这些玩具本应让孩子玩上好几小时，可现在却把他们限制住了。户外没有这么多规则。因为大自然中的物品没有任何固定功用，远比流水线上制造出来的物品更能激发孩子的想象力，挑战他们的思维，检测他们的体能极限。常在户外玩耍的孩子能够真正体验快乐、享受游戏、获得自信。

我向父母们倡导，孩子要到户外去玩耍时，总是提醒他们注意以下 3 个关键因素，因为这 3 个因素是任何室内环境都无法成功复制的：

▶户外环境能够提供极其和谐的感官体验。

▶户外环境能够激发大脑思维。

▶户外环境是评估风险、接受挑战的绝佳场所。

接下来，我将对这 3 个因素进行详细阐述。

户外环境能够提供极其和谐的感官体验

想象一下，你的孩子赤着脚走过一片草坪，眼睛在搜寻美丽的花朵。他一边走，一边歪着头听鸟儿的鸣唱，感受微风拂过脸庞。赤脚走路能给足弓提供绝佳的感官反馈，让他充分感知小脚与身体其他部位的位置关系；聆听鸟儿的歌声能帮助他根据户外其他生物的位置确定自己的位置；而微风让他保持警醒，和暖的阳光又让他感到舒适。这是感觉统合的最佳状态——我们知道周围的境况，却依然感到舒适和宁静。

反之，在人造环境中，比如电影院、五颜六色的游乐园和室内比赛场地，只会压制孩子的感官，让他陷入"战斗－逃跑反应"这种不健康的状态之中。这次，想象你的孩子走进一个乐声嘈杂、灯光晃眼、满眼都是明亮色彩的地方。这地方到处都是人，他总会撞到别人，然后开始出汗，有点儿不知所措。他可能会捂住耳朵，大声说话，甚至要求离开这个地方，一直说让你别再带他来这儿了。人如果一直被噪声刺激，周围一片混乱，就无法实现良好的感觉统合。

自然环境中的刺激会更温和，更不易察觉，有时甚至能够帮助身体恢复健康。其实，大自然已经为我们提供了最美好的感官体验。而人类生来就是感官动物，我们通过感官来了解自己，了解整个世界。我们的感官感受越完善，我们就越能做好事情。从只是赤脚踩在草地上到在林间倾听鸟鸣，每天花点儿时间待在户外能够带来许多感官上的益处。

▶ **感觉的自然统合**。感觉统合得越好，大脑及身体的表现就越好。

▶ **平静但警醒的状态**。处于平静但警醒的状态时，孩子能更好地处理周围的感官信息，组织一切感官将所有信息碎片拼成一幅描绘周围世界的准确图像。

▶ **"恰到好处"的感官刺激**。大自然不会一次给孩子太多信息，一次性摄入太多信息只会导致感官陷入混乱不堪的状态。

户外环境能够激发大脑思维

还记得那个拿着魔杖的女孩吗？现在她已经来到户外，所以决定建造那座她不敢在室内搭起的堡垒。现在，她想搭一个躲避喷火龙的藏身之地，不是用枕头和毯子，而是使用大自然中的东西。女孩先是抓起一根大树枝，把树枝靠在后院一棵倒了一半的树上；她又注意到树林旁的泥塘边有很多蕨类植物，于是去捡了好多，小心翼翼地在树枝上铺了几层；又迅速抓了几个松果和橡果充作"食物"，爬进她的小堡垒里休息，"吃点东西"，躲避危险。

户外活动能够无限激发孩子们的潜力，让他们放松大脑、获得灵感，深入想象世界之中。户外能为孩子们提供设计、创造、探索的空间。在这里，孩子们拥有无限可能。一次又一次的研究表明，孩子们在户外自由玩耍时，能更好地解决问题，创造力也能增强。

塞尔吉奥·佩利斯（Sergio Pellis）是加拿大亚伯达省莱斯布里奇大学的一位研究人员。她说："玩耍会改变大脑前端神经元的连接。如果没有玩耍的经历，这些神经元就不会改变。"尤其是自由玩耍，不需要教练，不需要裁判，也没有规则。这样的玩耍方式会让大脑额叶产生永久变化，而大脑额叶在调节情绪、制订计划、解决问题方面发挥着极其重要的作用。无论是与朋友摔跤，还是一起堆一个复杂的沙堡，只要是自由玩耍，孩子们就需要共同协商，制定他们自己的规则。

而室内环境会为孩子设定某些期望，规定事先确定好的观念或想法。室内的玩具都有自己的设计功用，会限制孩子的想象力和创造力。比如，拼图是为了让孩子拼出某种形状，棋盘游戏有其设定好的游戏规则，玩具车就是玩具车，尽管孩子可能会想象出不同的地形，但它依然是个玩具车。然而在户外，一根松针可以变成完全不同的东西。我见过孩子们把它当作宝藏、钥匙、货币、建筑材料、装饰品，等等；还见过孩子们把树枝当作鱼竿，充当玩耍时的武器，或者用来建造堡垒、小船、马、障碍训练场、陷阱，抑或飞机。

每天在户外玩耍可以在很多方面刺激孩子的大脑。

▶ **户外没有既定期望。** 孩子们只能通过想象，把树枝、石头或松针变成想象世界的一部分。

▶ **户外有无限可能。** 户外环境会挑战孩子的思维，让他们不断用新方式思考。

▶ **户外没有压力。** 在参与主动自由玩耍的过程中，孩子可以和他人一起玩，也可以自己玩；可以自己制定规则，也可以选择遵守他人的规则；可以争吵打闹，也可以安静深思。

户外环境有危险和挑战

想象一下，一个女孩子在体操课上走平衡木。她赤脚走过平衡木，平衡木始终光滑温暖，十分平坦。她知道平衡木有多长，也知道与之接触的感觉，没有任何惊喜可言。现在，想象一下她在户外，赤脚走在一根横在浅浅泥塘的原木之上。这根"平衡木"特征众多，却唯独不"平坦"。她在这根"平衡木"上走完几米，没有任何不适，柔软的苔藓弄得她的脚痒痒的。原木比较干燥，也比较温暖。要是突然踩到什么软软的东西，她就得快速调整重心保持平衡，免得摔进脚下的泥塘里。要是摔下去了，泥塘里的水会汩汩流过她的脚面，淤泥会钻进她的脚趾间。想到这，她会害怕那么一会儿，但随后便欢欣起来，因为她发现自己并不会掉下去。她继续走，走下原木的那一刻，又能感受到树林里的枯叶在脚下吱嘎作响。

在原木上行走不仅能调动她的全部感官，还能挑战她的反应力，检测她的平衡能力，要求她在面对困难时坚持不懈。户外环境是无法预测的，孩子经常会遇到意料之外的情况。而户外环境会逼迫他们评估周围环境和风险，孩子一旦学会了评估环境、评估风险、接受挑战，就会变得自信。而当他们学会如何走过坑坑洼洼的地面而不致摔倒，弄明白如何跨过一条小溪而不弄湿衣服，又成功地与父母一起登上山峰，他们就能学会努力坚持。即便在艰难困苦之中，在面对不可能完成的任务之时，他们依然可以如此。在一次又一次的尝试中，他们能从身体和心理两个方面了解自己的能力。

每天进行户外活动能让孩子们学会评估风险、接受挑战，会带来许多好处。

▶▶ **让孩子建立信心。**克服困难之后，孩子会学到如果坚持不懈，即便面对困难也会成功。

▶▶ **让孩子以自己的节奏挑战自我。**在户外活动时，孩子可以自己决定什么时候去冒险，甚至能够控制危险等级，自己决定自己要面对多大的危险。

▶ **让孩子学会调整和适应。** 在户外活动时，孩子可以很快发现他们并不能控制玩耍的结果。例如，他们搭起的堡垒可能并不完全符合自己脑海里的形象，但这样反而能让他们灵活思考。

大自然的治疗作用

实际上，大自然本来便有治疗作用。大自然的一切，从花香到鸟语，都会刺激感官，让孩子们形成健康的感觉统合。现在，我们花些时间了解一下，孩子们在自然中玩耍或只是看着自然环境，会如何增强甚至完善感觉统合能力。

大自然能够让人平静

亚当·奥尔特（Adam Alter）是纽约斯特恩商学院的一名市场营销与心理学助理教授。他讲述了自然是如何让人彻底平静下来的："在大自然中恢复精力与我们通过补充食物和水恢复体力相差无几。避让来车，做出决定和判断，与陌生人交流……这些日常事务会消耗人的精力，而人造环境从我们身上拿走的，自然都会还给我们。"

在户外玩耍时，孩子们可以避开日常生活的喧嚣，得到喘息的机会。

这让他们能够暂时逃离接连不断的日常活动，逃离那些"快点！要迟到了！"的要求，逃离明亮的色彩、刺鼻的气味和人造世界里的噪声与骚乱。户外活动能让他们放松精神，恢复活力。

我会定期观察大自然如何让孩子们平静下来。实际上，在 TimberNook，我们注意到孩子们在建筑物旁玩耍时比他们在河流、树林边玩耍时更嘈杂、更活跃。若带着他们远离建筑物，几次之后，他们就会分散开来，变得更安静、更专注。

就算只是看着自然环境，也能让孩子平静下来。有研究者曾向注意缺陷多动障碍患儿的父母做过调查，询问他们孩子对不同的游戏活动有什么不同反应。结果发现，坐在室内能够看见窗外自然环境的孩子，要比人在室外却身处人造环境中看不到绿草、绿树的孩子更平静。这项研究表明，无论孩子在室内玩耍还是在室外玩耍，自然景色都有助于理性思考和放松。

现在，我们已经了解自然刺激能够让孩子平静下来。远离建筑物，完全沉浸在自然之中能够彻底修复孩子的精神，如果可能的话，确实应该尽量带孩子接近自然。然而，完全沉浸于自然之中可能并不实际，甚至并不是每个人都适合如此。只是看看自然景色，或身处少部分自然刺激之中，也能帮孩子放松下来。你可以给孩子搭个小花坛，再种两棵树，或只是铺一小片草坪让他在上面玩耍。与自然接触吧，这些举动带来的益处是柏油马路所不能提供的。除在家里创造自然景观外，偶尔也可以带着家人一起，去公园和植物园享受自然。

大自然能够提升视觉感受

大自然的刺激通常温和又不易察觉。对于眼睛来说，大自然的颜色普遍很温和，不会过于明亮或刺激。从上文提到的研究中可以看出，仅仅是看看自然景色就可以让孩子平静下来。而人类对视觉感官十分依赖。每天，孩子看到的东西会影响他们的情绪、性情和注意力。同时，户外玩耍还能促进眼部发育，提升视觉能力。

色彩

我以前的办公室里到处都是鲜艳的色彩，就是为了让孩子们感到兴奋。然而，当诊所里所有的东西都在叫嚣着"看看我"的时候，孩子们的视觉已经过载了。

我的大女儿之前喜欢来我这里，但她一踏进这里，就失去了有效调节感觉系统的能力。她的视觉过载得太多，多到其他一切感受都无法顾及。比如，她说话的声音开始越来越大，她会从一件设备跑向另一件设备，极度活跃，真的有些玩疯了。出现这种行为的原因之一是，人类的视觉是用来警醒我们远离危险的，诊所里的一切都让她高度警觉。视觉上的过度刺激让我女儿的兴奋程度直冲云霄。

而当她在户外环境里玩耍时，她完全可以控制自己的活跃程度。这时的她理性、平静，虽然也很活跃，但始终能够控制自己。为什么自然环境会影响我女儿调节自身行为的能力呢？科学家有过很多研究，研究视觉环境如何影响学习和情绪。

美国卡内基梅隆大学的安娜·菲舍尔（Anna Fisher）、凯丽·戈德温（Karrie Godwin）和霍华德·塞尔特曼（Howard Seltman）研究了教室陈设是否会影响儿童在听讲和自学时保持专注的能力。他们发现，与教室里只有白墙的儿童相比，教室里装饰过多的儿童会更易分心，开小差的时间更长，学习成果更少。菲舍尔说："我们发现，教室的视觉环境会影响学生究竟学进去多少。"换句话说，保持视觉环境简单（就好像大自然常常展现出来的那样）有助于提升学习效果。

在户外，只是看着自然景色就会让人心情振奋。20 世纪 80 年代早期，一位研究人员分析了从 1972 年到 1981 年接受过胆囊手术的患者的数据。住院患者从病房窗户看到的景观是不同的，有些对着砖墙，而有些能看见一棵小树。研究人员发现，住院患者能看到什么，会对康复率产生影响。在病房和其他治疗方法都完全相同的情况下，病房对着砖墙的患者平均在护士站留下的负面情绪记录有 4 条，诸如"需要很多鼓励"，或"沮丧、想哭"等感受非常常见；而病房对着树木的患者大部分只有 1 条负面情绪记录。

能看到自然景色的患者恢复得也更快些，比他们的同龄人平均早出院

1天。这些研究的意义相当重要，因为结果显示，病房能看到自然环境的患者的康复率比病房对着砖墙的患者高出 3 倍。

　　人造环境通常会利用自然界中不存在的颜色，而这些颜色更鲜艳，对视觉的冲击更强烈，会刺激脑干，尤其对脑干网状结构①产生巨大影响。一方面，网状系统负责处理、整合感觉信息，有助于提升我们的警觉性。如果视觉刺激过于强烈，孩子的警觉性就会更强，活跃程度也会更高。另一方面，柔和的颜色和更细微的视觉刺激对孩子的感觉系统有镇静作用，会让他们整体保持在协调平静的状态。这是促进感觉统合保持健康的理想状态。孩子们需要时间去感受自然、观察自然，才能保持玩耍和学习的最佳状态。如果自然景色能够成为孩子们生活中的视觉信息的一部分，那么不仅可以改善情绪，为学习做好准备，还能为形成健康的感觉统合打下基础。

光线

　　花时间与自然共处也能提升视力。正如前文所说，儿童近视率目前正处于历史最高水平。曾经，我们以为电子屏幕看得太多会导致近视，但最近的研究表明，如果孩子们在户外的时间不够长，那就更容易近视。

---

　　①脑干网状结构，指脑干内弥散的白质纤维交织成网，网眼内散布不同大小的神经元的细胞体与纤维混杂区，是躯体反射和内脏反射的重要联络站和中枢，对躯体运动和内脏活动有调节作用，对觉醒、睡眠、意识和内分泌活动也有影响。——译者注

美国俄亥俄州立大学视光学学院的验光师唐纳德·穆迪（Donald Mutti）博士发现，基因中有近视倾向的儿童如果每星期在户外活动超过 14 小时，罹患近视的可能性会降低 2/3。如果这方面的研究能够取得进展，人们就可以改变治疗近视的方式。

科学家研究了为什么户外活动有助于降低近视率。有一种理论认为，儿童的眼睛在 5~9 岁期间仍在发育。在有的情况下，这种发育会导致晶状体和视网膜之间距离加长，从而导致近视。科学家认为，户外的光线其实在这段生长周期有助于维持眼球的形状和长度。同时，科学家相信，明亮的阳光很可能也起到积极作用，如果孩子定期接触自然光，会让瞳孔做出更好的反应。也就是说，实际上，眼睛在阳光下能够发育得更好。

孩子们每天都需要花时间在户外活动上，不仅是为了接触自然的视觉刺激来帮助视觉发育、情绪调节，也是为了支持眼睛的健康发育及成长。

自然环境能够促进听觉发育

刺耳的警报声、交通噪声、闹铃、嘈杂的音乐会、吵闹的音乐……这些声音统称为噪声污染，经常会让孩子陷入"战斗 - 逃跑反应"之中，而在这种状态下，他们再也无法关注自己面前的东西了。我们的身体并不应该处于持续的兴奋或压力状态，如果孩子每天暴露在噪声污染中几小时，就可能会出现发育问题。

科学家发现，长时间暴露在强烈噪声之中会改变大脑处理语音的方式，这可能会增加人们区分语音的难度。经常暴露在噪声中的孩子可能真的会在处理听到的信息时出现问题。

与人造噪声相比，大自然的声音具有恢复作用。瑞典斯德哥尔摩大学有一项研究将完成紧张的心算任务的 40 名成年人分成两组，一组处于自然环境中，另一组处于嘈杂环境中。研究人员发现，当受试者聆听大自然中的声音时，交感神经系统恢复得快；而在嘈杂环境中的受试者，交感神经恢复得慢。如果说，巨大的人造噪声会改变大脑，让大脑无法有效工作，而自然中的声音（如海浪的拍击或蟋蟀鸣叫）有治愈效果，那么，提倡儿童多在自然环境中活动，以增强感觉统合能力，是有意义的。

听鸟儿啁啾也会为感觉系统发育带来很大益处。很多接受作业疗法的听障儿童，连续几个月，每天都会接受几次特殊治疗。他们会戴上特制耳机，听特殊设置的乐曲，其中就包含一些大自然的声音。这些声音能改善情绪，提高注意力，改善听觉处理技能（如更快地回应别人喊他们名字的声音），提升社交能力和活动水平。大自然的声音激活了大脑中的听觉中枢，能够帮助孩子定位自己在空间中的位置。

这些作业疗法取得了惊人的效果。在参加了一个听力训练之后，大多数孩子在生活的至少两个方面表现出实质性改善，比如养成了更好的睡眠习惯，能更好地控制自己的情绪，被喊到名字时能更快地回应。在另一项研究中，研究者要求孩子们画自画像。在听到预先录制的自然声音之前，孩子们要么没画鼻子，要么把手臂画得太低，要么把身体画得好像飘浮在空中一样，画也缺乏细节，颜色单调，没有表情。随后，研究者花了 3 个月时间让孩子们参与听力练习。还是这些孩子，不过这次他们把自己画在了地面上，比如长满青草的山坡或海滩边，自画像周围都是植物、泥土等色彩艳丽的细节。孩子们还画出了自己所有的身体部位，脸上都带着笑容，画也有了更多细节和色彩。

我采访过玛丽·卡瓦尔（Mary Kawar），她是一名儿科作业治疗师，研究前庭感觉、听觉和视觉系统之间的关系。她与一个美国著名听力治疗项目有密切合作。我问她，如果孩子们花更多时间在户外听鸟儿歌唱，会不会影响他们的空间意识？"当然会！"她肯定地回答。

鸟的叫声可以帮助我们定位自己在空间中的位置。例如，我们可能会听到一只鸟在右边鸣叫，又听到另一只在左边鸣叫。这些鸟的啁啾能帮助我们确定自己的位置，也能帮我们发现自己与它们之间的位置关系。而且，由于噪声污染确实会对自然声音的治疗效果有所削弱，所以治疗时最好远离城市喧嚣，这样才能把聆听鸟儿歌唱的益处发挥到最大。久而久之，大自然的声音自然就会改善儿童的感觉系统发育。

自然环境能够改善触觉体验

我必须得承认，看着孩子们在 TimberNook 的大泥坑里玩耍和探索，一直是我最喜欢做的事情之一。在我看来，这是孩子的感官体验中最有意义的一项。

想象一下，几个孩子在齐膝深的泥泞中专注地寻找那些黏黏的绿色青蛙，另几个孩子站在泥坑边上，正犹豫着要不要下去弄脏双脚。这时，泥坑中一个小女孩抓住了一只青蛙，高兴地尖叫起来："我抓到一只！哦！它可太滑了！"其他孩子都围在女孩周围，仔细观察。

与此同时，站在泥坑边上看着的孩子们缓慢而坚定地脱下橡胶雨鞋，踩进泥坑里。"哎呀！好像掉进浆糊里了！"一个女孩一边说，一边学习处理这种新的感官感受，学习在泥里保持平衡。一个孩子滑倒，摔进泥坑里。"啊！"他微微震惊了一下，但没人对他摔倒这件事做出任何反应。他重新站起身，大笑道："看我！我可太脏了！"另一个孩子也大笑起来，故意摔进泥坑里。

在真正的泥坑中弄得脏兮兮，孩子们能获得宝贵而丰富的触觉体验。触觉系统十分灵活，接触各种不同的环境，能增强孩子们对不同触觉的耐受力。如果某个孩子很难容忍别人的触摸，那么他可能很难穿不同质地的衣服，也可能会拒绝赤脚，甚至可能难以完成学业任务，比如心平气和地使用胶水。这就是为什么在孩子小时候就让他们接触不同物体是非常重要的。

越来越多的育儿博主开始介绍玩剃须泡沫、玩彩色橡皮泥，这些体验对孩子们来说非常有趣，但有趣的感受只能持续一小段时间。然而，在户外玩耍时，孩子们能接触到的东西很多，获得的触觉体验也比较多，能让全身都参与进来，进一步促进感觉系统发育。

为了更好地解释这个概念，让我们比较一下在室内玩沙子和在海滩上玩沙子。在室内玩沙子时，孩子很可能只用手触碰沙子，只有手会得到感官刺激。他可能会用塑料勺和各种容器一起玩耍，而整个玩耍过程很可能还会在成年人的看护之下。

再想象一下孩子在海滩上玩沙子的情形。太阳晒得他暖洋洋的，水溅在身上，脚踩在泥里。他给桶里盛满清凉的海水，跪在沙堡旁边，全身上下大部分接触到了粗粝的沙子。他用手指在沙堡周围挖出一条护城河，又找到黏糊糊的海藻和粗糙尖利的贝壳来装饰城堡。等堆完沙堡，已经几小时过去了，他才开始休息和吃东西。在这几小时里，他从头到脚都是沙子和泥，脸上却挂着灿烂的笑容。

虽然我们在提到带孩子进行感官体验的时候，通常会想到在室内玩沙子，但在海滩上玩沙子会激活更多感官体验。温度和不同的触觉体验（黏糊糊的海藻和粗糙的贝壳）扩大了孩子的感觉储备，与此同时，他全身都会与沙子有所接触，而不仅仅是手。

此外，当孩子们在海滩上推拉或挖掘时，他们能更好地容忍和统合触觉感受，比如清风吹拂脸庞和手碰到沙子的感觉。感觉处理有问题的儿童有时会非常反感触碰的刺激，比如独自玩耍时触碰沙堆，或海藻轻轻拂过皮肤。然而，在海滩上玩耍会接触更多东西，有助于孩子克服这种轻触带来的不适，提高耐受性。对孩子来说，在沙滩上玩耍比单纯玩沙子更有意义，在沙滩上玩耍能让他们玩更长时间，在设计城堡方面也更有创意。

在户外玩耍弄得脏兮兮的，不仅能增加孩子对触摸体验的耐受性，还能改善他们的免疫系统。

卫生假说

湿答答、黏糊糊的泥坑，是大部分孩子拒绝不了的诱惑。让身上沾点儿泥土，甚至搞得脏兮兮的，也无伤大雅。事实上，泥土对孩子来说完全健康。从小就接触污垢、动物和细菌可以改善免疫系统。一直以来，我们都知道，与在城市长大的孩子相比，在乡村长大的孩子往往不易得哮喘，过敏反应也更少，罹患自身免疫性疾病的可能性也更小。

研究人员发现，过度使用清洁剂，清洁屋子的各个角落，每天洗澡，给所有婴儿设备消毒，还有每次吃饭前洗手，都会损害我们的免疫系统。研究人员将其称为"卫生假说"。美国食品和药品管理局（US Food and Drug Administration）报告称："在发达国家，人们经常发现，极其干净的家庭环境会破坏免疫反应。换句话说，幼儿接触的环境如果'太干净'，就无法对成熟的免疫系统构成有效挑战。"

按照卫生假说，极其干净的环境会带来一个问题：环境无法提供必要的细菌来锻炼免疫系统，从而使免疫系统无法保护我们免受传染性微生物的伤害。与预期的相反，过度干净的环境会削弱免疫反应，导致越来越多的孩子患上哮喘和过敏。因此，为了发育出强大、健康的免疫系统，要让孩子接触一些不那么干净的户外环境。

赤脚走路

在大自然中赤脚不仅有助于脚部感觉的发展和微调，还能加强足弓的力量。让我们看看下面这个证据。在印度，大多数乡村的学生平时不穿鞋。有一些医生注意到，来自乡村的孩子基本没有扁平足，大多数扁平足患者来自城市。于是，他们决定进一步调查 2300 名儿童的静态足印。通过分析，他们发现，穿鞋的孩子比那些不穿鞋的孩子更有可能出现扁平足。他们还发现，足弓发育的关键时期在 6 岁之前。这个研究表明，在孩子发育的早期，穿鞋不利于正常或更高的内侧纵弓[1]发育。

在研究赤脚走路的重要性时，我遇到了凯蒂·鲍曼，那位生物力学专

---

[1]足弓前后方向的内侧为内侧纵弓。内侧纵弓在足部传递力量的过程中发挥重要作用：缓冲震动、支持及保护。——编者注

家。她对小孩子应多大开始穿鞋运动的看法是这样的："鞋会改变人类的运动方式。从肌肉、骨骼的角度来看，我们罹患的许多疾病，都源于我们对鞋的依赖。我们穿了几十年鞋，肌肉都萎缩了，韧带和足底筋膜也总处于紧张状态。如果能让孩子少穿鞋，能不穿就不穿，那么不仅会节省时间，还能防止肌肉退化。"

我小女儿小的时候是扁平足，需要接受物理治疗，有段时间甚至需要戴支架来支持脚踝和足弓，但始终没什么效果。然而，直到某个夏天她开始几乎完全赤脚走路，我们才注意到她双脚的变化。现在，她的脚踝和足弓发育良好，走路也很顺畅。

孩子们在不同大小的鹅卵石上和高低不平的地面上行走时，户外环境自然会让双脚有所感受。地面阻力、不同的自然条件都会让双脚产生不同的感受，统合这些感觉可以促使足弓充分发育。在自然中赤脚行走有助于孩子发展出正常的步态模式，提升平衡能力，也提高脚底的耐受力。而所有这些都为自信流畅的运动奠定了坚实的基础。

自然环境能调节味觉和嗅觉

味道，光是这两个字就能让人流口水。味觉是一种使我们了解环境的感觉。小婴儿通过把东西放进嘴里来收集环境信息。我见过很多妈妈不让孩子把泥土、枝叶和松果等大自然中的东西放进嘴里，却会给孩子塑料咬胶和其他能提供感官反馈的东西。然而，大自然中有各种各样的味道，五花八门的质地，这些都是玩具和其他人造物品无法复制的。

你家小孩挑食吗？现如今，很多孩子对新口感的耐受性有所下降，不愿意尝试新食物；还有些孩子在口腔和口周存在意识障碍。从小就让孩子把松果或泥土放进嘴里不会伤害他们。实际上，小婴儿首先是通过口腔了解周围环境的，当他们的口腔内部和口周出现新感官刺激时，可以对这类感官刺激更加耐受。但也要小心，别让他们把石子、橡果，甚至动物粪便这类东西塞进嘴里。第 8 章将深入探讨这类做法的安全问题。

用口腔探索自然不仅能提高儿童的耐受性和口腔感觉意识，还能改善儿童的免疫系统。玛丽·鲁布什（Mary Ruebush）是一名微生物学和免疫学讲师。她在新书《为何脏东西很好》（*Why Dirt Is Good*）中讲到，孩子把东西放进嘴里，可以促使免疫系统探索周围环境。把东西放进嘴里不仅能锻炼免疫系统，保护人体免受伤害，而且能让免疫系统知道，怎样的刺激是有害的，什么样的东西最好不要碰。

对大一点儿的孩子来说，像我们的祖先那样，在大自然中直接采集食物，比去超市买那些放了好几周的东西，能获得更多丰富的感官体验。例如，新鲜的苹果就比水果摊上卖的苹果更健康，也更多汁、更美味、更清脆，这些感觉增强了感官体验，从而增强了感官记忆。

而现在，孩子们不仅对触碰的耐受性下降，很多孩子也无法忍受不同的气味，有些孩子在闻到新气味时甚至会呕吐。自然环境在锻炼嗅觉上对我们十分有益。身处大自然中时，你不可能只闻到一种气味，而是闻到各种浓度的不同气味，使我们了解周围的环境信息。在室内，气味更为稳定，但室内的很多气味是人造的，是有害的，比如清洁剂或新鲜油漆的气味。而在户外，你可以闻到秋天的气味，闻到农场里动物的气味，也可能闻到新剪草坪的气味。这些气味都不会对我们的感官有害。

实际上，天然气味经常用于治疗，这种做法被称为芳香疗法。从植物和自然界其他物质中提取的精油能刺激鼻子里的小受体，然后通过神经系统将气味信息传递到大脑的边缘系统，它是大脑中控制情绪的部分。芳香疗法中的天然气味可以让患者放松下来，身心宁静。换句话说，仅仅让孩子闻一闻自然界中不同的气味，就可以帮助他们调节情绪。

刺激感觉系统的户外体验

以下提供一些可以刺激感觉系统的户外建议。

让孩子赤脚

无论室内还是室外，尽量让孩子赤脚活动。如果必须穿鞋，首选拖鞋或造型简单的鞋，这样，无论在自然环境还是人造环境中，都能让足弓接收足够的信息。

去采摘

许多郊区都有采摘业务，在不同季节里分别能采到蓝莓、草莓、南瓜和苹果，应有尽有。不方便去郊区怎么办？那就去美食节或者农贸市场逛逛。这两个地方都能让孩子在户外玩耍的同时，品尝到不同的食物。跟孩子一起采摘新鲜浆果，做馅饼或松饼，这绝对是有意义的体验。这样孩子们能知道食物来自哪里，还能在搅拌、称量、品尝面糊时调动嗅觉、视觉、听觉、味觉和本体感觉。

和孩子一起做园艺

和孩子一起做园艺对感觉系统发展大有助益。在做园艺的过程中，孩子们会挖掘土壤，使用喷水壶，培育活生生的植物，品尝新鲜食物，也能学会感受新口感，认识更多新食物。闻一闻自己种下的药草和花朵，能带来很好的嗅觉体验。

观鸟

能识别不同鸟类的声音是很棒的听觉技能。给孩子们一本《奥杜邦鸟类全鉴》，这样他们就能在看到鸟儿、听到鸟鸣时辨别查阅。还可以教他们如何把手放在嘴边吹出鸟叫声。

在黑暗中玩耍

在黑暗中玩捉迷藏这类游戏能够给感官体验带来挑战。很多孩子严重依赖视觉系统来辨识周围环境，找到方向。但如果看不见，平衡感和本体感觉系统就会被调动起来，使孩子在黑暗中行走时保持直立和协调。此外，玩捉迷藏时如果躺下躲藏，能让孩子们近距离接触树叶、泥土以及获得其他触觉体验。而且也正因为孩子们在玩耍，所以他们能忍受通常情况下无法忍受的东西，比如躺在湿叶子上或在黑暗中行动。

与动物互动

照顾大大小小的动物会让孩子们接触到许多不同的触感，闻到不同的气味，听到不同的声音，看到不同的景象。多年来，治疗师一直在使用狗、马和其他动物，来提高孩子们在身体、情绪和智力方面的技能。农场里的动物，比如羊驼、绵羊、奶牛、山羊、鸡和猪等，能够为孩子们提供各种感觉。就算是猫和仓鼠，也能为孩子提供绝佳的感觉体验。

在海滩上玩耍

在海滩上玩耍能调动全身的感觉系统：沙子、水和不同的温度会调动触觉；挖掘泥土会调动本体感觉；鸟鸣、海浪的声音会调动听觉；嗖嗖跑过的螃蟹、降落的海鸥会调动视觉；把桶沉到水里装满水，在柔软的沙子上奔跑会调动前庭感觉。

鼓励孩子爬树

爬树是让孩子学习评估风险、估量自身能力的好方法。作为父母，看到孩子爬树可能会很担心，但对孩子来说，在冒更大风险（如开车）之前应该先学会评估自身能力。那么，爬树如何对孩子产生挑战呢？爬树的时候，孩子会学着检查树枝，确保树枝不会易断。他们也会估计高度，只会爬到自己能接受的位置。

通常情况下，孩子们爬到离地面几米的地方就想下来了，他们还没准备好迎接更大的挑战。然而，他们爬的次数越多，就会对自己的身体能力越了解，也能越准确地评估环境的潜在威胁，这些都是十分重要的生活经验。

在篝火上烹饪

对孩子来说，在篝火上烹饪是非常快乐和有意义的经历。我发现，如果从未见过的新食物是在篝火上做熟的，那么大部分孩子会愿意尝一尝。仅仅是参与到食物的准备过程中，就能让很多孩子至少吃一口他们努力许久准备的食物。在篝火上烹饪时，他们学会了要有耐心，也更容易接受新的味道。

让孩子浸润在自然之中

安排家人一起到风景区度假，待上 3 天。每一位家人都可以在其间重新调整恢复。孩子不仅需要每天与自然接触片刻，也需要偶尔完全沉浸在自然之中。

BALANCED AND BAREFOOT

理念总结

虽然人造环境可以让孩子们兴奋起来，但也可能对他们产生过度刺激，让他们的感觉系统不堪重负。室内环境也有局限，可能对孩子的发育产生不了足够的刺激。而户外活动为游戏体验和感觉探索提供了无限可能，孩子能够通过反复的练习来增强和完善感觉系统。如果每天到户外玩耍，你的孩子就能够在挑战中锻炼自己的触觉、视觉、听觉、嗅觉、味觉，及其他更多能力！

BALANCED AND BAREFOOT

第 5 章

"安全第一" 可能造成发育迟缓

**BALANCED
AND
BAREFOOT**

　　我们不敢让孩子暴露在风险之中，不断地想避免他摔倒，这反而会阻碍他的发育和成长。没有发展出平衡系统的孩子会更笨拙，更容易摔倒，受伤也可能会更严重。孩子需要逐渐体验和经历风险，而不是避开所有风险。在风险中，孩子才能锻炼出学习和生活所需的基本技能。

　　我小女儿蹒跚学步时，我总是跟在她后面，想确保她安全。我在自己家和我妈妈家里都装了婴儿防护措施。她走在前面，我紧紧跟在她身后，生怕她摔倒。我总是随身带着湿巾，把所有可能接触到的表面全都擦拭消毒。她戴着太阳帽，我还给她擦了防晒霜。车上，我装了防护等级最高的安全座椅。

　　虽然我觉得自己总有办法保证她的安全，但我逐渐意识到，我并未预料到她有多活泼！有天早上，我筋疲力尽，我决定每天订个计划，得让孩子出去玩，释放她的活力！

　　很快，我给她制订了每天 2 小时的活动计划：游戏、有组织的体育运动和 3 岁前的学龄前教育。我原来的日程很满，要开车送孩子去幼儿园，还得陪孩子练体操、踢足球、上音乐课，还要去参加一个妈妈小组的活动。我都想不起来什么时候带女儿出去玩过。就算是出去玩，也就是附近的游乐园，鲜少去海滩，也从来没想过要和她一起探索屋后那 5 万平方米的美丽树林。在我看来，我们太忙了，哪能把时间花在欣赏自然景色上呢？直到后来很久，我才意识到自己犯了个大错误。直到她开始焦虑，出现攻击行为，表现出感觉统合问题时，我才知道我们一直在远离那个真的能帮助我女儿缓解症状的事情：在大自然中独处。

很多成年人不敢让孩子独自出门探索，不敢让孩子一直远离自己的视线，因为他们害怕孩子出事：害怕孩子被绑架，害怕孩子迷路，也害怕孩子受伤。除了这些大问题，还有很多小问题也让他们害怕，比如虫子、野生动物、有毒植物……这些都让父母逐渐不敢让孩子出门玩耍。之所以会出现这样的恐惧心理，一是因为社会媒体夸大了类似危险，二是父母对社会失去信任。在这个养育新时代，父母总愿意不遗余力地保护自己的孩子。然而，有时过多的保护确实弊大于利。孩子想要成长为适应力强、身体健全的成年人，必须要培养出某些生活技能和感官意识，我们不要做他们这条路上的绊脚石。

本章中，我将对成年人不敢让孩子在户外独立玩耍的原因加以探讨，还将讲述为什么独立玩耍和冒险对孩子的健康发展至关重要。同时，也会给独自外出玩耍的孩子们一些安全小建议。

你正在影响孩子的安全评估能力

如果你在公共场合看到某个孩子，一般来说父母就在几米之外。我要是能看到哪个孩子在户外玩耍时并没有父母在旁边，我会很惊讶。因为在如今这个时代，这样的事情十分罕见。你如果问，为什么不让孩子单独玩耍，大部分父母会说："现在时代不同了，潜藏的危害太多了。"但事实是，与 20 世纪 80 年代甚至 70 年代相比，现在的社会真的更安全了，犯罪率也下降了。

在所有诱拐案中，唯一一种数量增加的诱拐类型是家庭诱拐。这些诱拐绑架通常源于监护权之争，最终调查结果多是父母一方绑架了孩子。有时，在美国联邦调查局的报告中，这类绑架案会与陌生人绑架案放在一起计算，因此数据看起来令人担忧。我们总会看见这样的新闻标题："慈善机构警告，绑架儿童案的实际数量可能是政府披露数量的 5 倍"或者"绑架诱拐儿童的案件激增 13%"。之所以有这样的标题，是因为媒体想吸引我们的注意力，这样我们才能把报纸或新闻读下去。如果一个陌生人真的在哪个地方绑架了一个孩子，整个国家的人都能听说这件事，一传就是好几个星期。这让我们更恐惧，也让我们觉得这些情况很可能会发生在自己孩子的身上。这也是我们会一直守着他们，让他们在室内做有组织活动的原因之一。

漫游的权利

因为害怕陌生人会对孩子不利，我们比之前所有的父母都更关注自己的孩子。我们不让孩子自己走太远，也不让他们自己出去玩耍。我有两个女儿，在她们不到 10 岁的时候，我会让她们骑自行车走门口这条土路，去和邻居家的孩子们一起玩耍。她们大概要骑差不多 1 公里，我们也因此被邻居们称为"放养父母"。但我丈夫告诉我，我对两个女儿的要求比他父母对他的要求严格得多。他成长于 20 世纪 80 年代，12 岁的时候和 10 岁的弟弟还有几个朋友，一起骑自行车骑了 40 多公里，骑到最近的大城市。他们在城里逛了一天，东瞧瞧西看看，最后买了点儿糖果。每年他们都要来上这么一次，一共持续了 4 年。他们会在路上停下来，和住在 16 公里之外的朋友们玩一会儿，然后再次上路。回想起这段经历，他面带微笑，对自己小小年纪就能如此独立感到自豪。"如果现在我们让孩子们十几岁的时候就这样做，我们可能就进监狱了。"说着，他面露沮丧。

确实如此。现在，我们可能做不到像我们的父母那样，让孩子们如此自由。尽管这个世界并不比我们长大的世界更危险，但总有人一看到孩子在户外玩耍就反应过度。美国马里兰州一对父母因忽视孩子接受过两次调查，只因他们让 10 岁和 6 岁的孩子步行到 1.6 公里外的公园。警察带走了两个孩子，还对父母进行审问。儿童保护机构认为这是父母的失职，而这对受过高等教育的父母（一个是小说作家，另一个是物理学家）认为"让孩子在户外漫步对孩子的发展至关重要。孩子要学习承担责任，学习体验世界，培养自信心和能力"。不幸的是，很多人认为，让孩子们自由漫步是父母不负责任的表现。

如果孩子们一直处在监督之中，就无法获得他们需要的自由，无法每天充分活动自己的身体。孩子们在户外玩耍的时间越久，就有越多的机会挑战自己的身体机能。从来回骑自行车去朋友家，到玩儿小时的棒球游戏，再到晚上打着手电筒捉迷藏，户外活动让孩子们动起来。有机会独自玩耍时，孩子们的自信心会更高，社交技能也更熟练。独立玩耍对整个社区也有好处，会让邻里关系更紧密，让整个社区整体意识更强，让民众对犯罪的恐惧感更低。孩子们还可以远离成人世界，有些保存秘密的机会。他们可以创造自己的世界，选择绝密的藏身之处，建造堡垒，走成年人可能不会踏足的小路，甚至发明自己的语言。所有这些好处都是自由玩耍带来的，能培养孩子们的责任感，让同龄孩子之间建立友情，发展他们的独立性和想象力，提升他们的游戏技能。要达成这些，只要给孩子们漫游的空间和独自玩耍的机会就行。

孩子害怕受伤

"小心！" 在 TimberNook，一个 3 岁小孩走在坑洼不平的小路上，他的母亲紧紧跟着他。"别摔倒了！" 这位妈妈说。片刻之后，她又一次警告孩子："别摔了！" 我对自己的孩子说过多少这样的话？我暗自想。如果她们走到石头边上，我保护孩子的本性就会跳出来。"小心点儿！" 我极其谨慎地提醒她们。当她们走在湿湿滑滑的路上，我又不由自主提醒她们："小心！" 说实话，有什么非得要小心的呢？我们在害怕些什么呢？

我们都担心孩子会摔倒，会受很严重的伤。在我们看来，跌倒一次可能就会带来什么无法挽回的后果，甚至致命。然而，孩子们评估风险的能力比我们想象的强得多。实际上，某个意外会致命的现象非常罕见。那如果孩子们真的摔了呢？大部分不过是留下点儿淤青或擦伤罢了。孩子从这样的经历中学到的东西，可比父母每隔几分钟就唠叨一句"小心点儿"要多得多。但我们总是觉得随便哪个人遇见的危险，都会 100% 发生在自己身上。如果一个孩子从攀爬架上摔下来，头部严重受伤，我们就会自动自觉地认为，自己的孩子也会面临这样的风险。我们甚至会禁止孩子去玩攀爬架，以"安全"的名义牺牲掉运动器材可能给身体带来的好处。

在过去的几十年里，游乐园因为所谓的"安全"发生了巨大变化。在 20 世纪 70 年代末，有几个孩子在游乐园里的游乐设施上玩耍，受伤严重。父母为此提起了诉讼。随后，游乐园的建设理念发生重大变化：游乐园变成了一个超级安全、没有任何挑战性的娱乐场地。有关游乐园的改变将在第 6 章中深入探讨。然而，游乐园设施发生改变，在游乐设施下添加更柔软的垫子并没有降低受伤儿童的数量。实际上，这一数字反而在上升。

父母可能会认为，格外小心地保护孩子，便会降低孩子受伤的可能性。但颇具讽刺意味的是，我们如此关注安全问题，却并未减少儿童受伤的发生率。实际上，根据美国国家电子伤害检测系统（National Electronic Injury Surveillance System，该系统监测因在游乐园受伤而去医院就诊的发生率）的数据，20 世纪 80 年代初以来，也就是大部分游乐设施被翻新以来，在游乐园里受伤的人数一直在稳步增加。

让孩子面临适度的风险（如爬上大石头、骑车去朋友家、在黑暗中玩要）实际上有利于他们身体的健康发展。如果孩子们有机会冒险，甚至有机会体验高空骤降，他们便会学习如何在运动中做出必要改变以保护自己，比如在骑车的时候转变重心以免摔倒，或摔倒时用手保护头部。这些必要的适应技能无法由成年人教给孩子们，只能由他们通过现实生活中的经验来学习。孩子们需要摔出个包、擦出点淤青，才能培养良好的平衡感，发展有效的运动技能。

不敢让儿童暴露在风险之中，实际上反而会阻碍他们的身体发育，阻碍他们安全发展。如果没有自如调节运动和平衡系统的能力，孩子们可能会更笨拙，更容易摔倒，受伤更严重。孩子可能会在绊倒时忘记伸手出来保护头部免受伤害；也可能会因为在某块大石头上回头看了一秒钟而摔倒，因为他还没有锻炼出同时做两个动作的运动技能。我们需要让孩子们逐渐经历风险，而不是避开所有风险，这样才能帮助他们发育出保证安全所需的基本身体技能。

浩如烟海的规则

学校开始实施更多规则，禁止孩子们玩那些经典游戏，比如玩攀爬架、玩捉人游戏、玩单杠、坐雪橇和从秋千上跳下来。原因呢？只是因为某个地方的孩子受伤了，学校害怕被起诉而已。最简单的解决办法就是清除设施，禁止活动。短期来看，这可能是个很好的方案，但我们已经忘记了允许孩子们参与这些活动的重要性。

我有个朋友是小学老师，她告诉我："我知道哪些活动对学生的发展有好处，但我不得不对这些行为喊停。"例如，孩子们本可以开发出秋千的很多功能，但现在，校方对此进行了严格限制。"我还记得，我小时候会从荡起的秋千上跳下来，看看我能跳多远。现在，孩子们除了坐在秋千上，什么也不许做，不但不能跳下去，甚至连靠肚子摆动都不行。"也有孩子告诉我，老师不许他们在秋千上转圈，还有老师告诉我，孩子们也不能在单杠上玩。

我们在前文讨论过，旋转、倒立，对建立强大的平衡系统至关重要。爬上单杠能给身体带来巨大挑战，而滑雪等活动加强了核心力量，为获得良好的身体意识提供了必要的前庭感觉训练。如果我们不允许孩子们在这些简单的挑战中活动身体，我们如何能指望他们在环境中不受伤害呢？风险和挑战对感觉系统和运动技能的发展十分重要。

我在新西兰创办 TimberNook 的时候，与奥克兰市的斯旺森小学（Swanson Elementary School）校长布鲁斯·麦克拉克兰（Bruce McLachlan）见过几面。麦克拉克兰的做法是常人无法想象的。他与当地大学展开合作研究，取消了一些课间休息的限制。斯旺森小学的老师允许孩子在课间休息时爬篱笆、爬树，用建筑材料搭建东西，还能玩滑板车。随后，有趣的事情发生了。校园欺凌的数量减少了，受到严重伤害的学生数量减少了，课堂上孩子们的注意力也有所提升。

麦克拉克兰告诉我，他们之所以能废除这些规则，部分原因在于他们不必担心诉讼。所有新西兰人都参与了由事故赔偿委员会（Accident Compensation Commission）管理的国营全民保险项目，这个项目负责支付新西兰国民的就医费用。正因如此，新西兰的父母很少会起诉学校。确实，有个小男孩在课间因为玩滑板车摔断了胳膊，麦克拉克兰回忆起这段事情，对我说："小男孩的爸爸来找我，问能不能和我谈谈。我开始做最坏的打算了。但你知道他说什么吗？他来到学校对我说谢谢，并希望我不要因此改变课间的规则。因为在他看来，受伤对孩子来讲也是生活中很重要的教训。我大受震撼。"

麦克拉克兰允许课间休息玩滑板车的事情在网上疯传。现如今，世界各地的很多成年人在回忆童年，童年的他们有更多的自由。他们反对这个时代把孩子们"裹在透明泡泡"里，他们更重视自由玩耍的价值。

让孩子通过试错建立安全边界

孩子天生就很好奇，总在寻找机会理解这个世界。如果孩子们自己玩耍，就会试着探索周围的环境、冒险、犯错误，然后从错误中汲取教训。他们会为了解决问题，彼此协商、调查探索，通过自由玩耍获得大量信息。如果我们让孩子自己玩耍，允许他们从错误中汲取教训，他们就能在面对世界时得出自己的结论。这个过程将帮助他们为今后的生活做准备，提高认知能力、社交技能和身体机能。

孩子知道自己需要什么

作为成年人，我们可能觉得自己知道什么对孩子最好，但孩子的神经系统表示事实并非如此。神经系统健康的儿童自然会寻找他们需要的感官输入。无论如何，他们都能自己决定他们需要多少信息，需要多长时间来接收这些信息，以及接收到什么程度。他们甚至不需要想，就自然而然地这样做了。如果他们转圈圈，那意味着他们需要转圈圈；如果他们一次又一次从大石头上跳下，那是因为他们渴求这样的感官输入。他们试图通过练习和重复来锻炼自己的各项感官。

我听过很多成年人，甚至所谓的专家称转圈是危险的。"儿童不应该总转圈。"成年人会说，"转完可能会呕吐。"在某种程度上，事实确实如此。然而，如果成年人对儿童能接受多少感觉信息加以控制，会十分危险。如果成年人不知道儿童的前庭输入在何时会达到顶峰，可能就会不小心让儿童进入感觉过载状态。感觉过载是指感觉输入量远超儿童能接受的量，会让儿童出现恶心、呕吐等症状。感觉过载还会带来另一个问题，那就是儿童将来可能会拒绝再次进行这项活动。但如果成年人稍稍放手，让孩子自己决定何时停止感觉输入，那孩子接受的感觉输入量便是合适的，危险也就消失了。

你可能发现自己总想说"别转了，一会儿该晕了"或者"从树上下来！受伤了怎么办"。然而，我们若是限制孩子自由自愿体验新感觉，他们可能就无法发展出保证安全所必要的感觉统合能力和运动技能。这样，我们这些成年人，就会成为孩子们健康发展的障碍。等孩子们长大了，开始开车了，可能就会缺乏安全上路的必备技能。孩子们小时候就能用各种新方法活动身体，这点对他们来说至关重要，这将让他们今后的发育之旅更加安全。

孩子天生就该冒险

孩子天生就是冒险家。他们需要冒险，也渴望冒险。埃伦·桑德斯特（Ellen Sandseter），是挪威特隆赫姆市毛德皇后儿童早期教育学院（Queen Maud University College）的教授。她观察了挪威儿童在游乐园中玩耍的情况，并对他们进行了采访。她发现，孩子们需要冒险，需要寻求刺激。她将冒险游戏定义为"可能会导致受伤的、让人兴奋又刺激的游戏形式"。她列出了 6 种类型的冒险游戏：1. 摆弄可能会带来危险的工具，如刀或锤子；2. 接近危险物质，如水或者火；3. 探索高地，如爬树或攀岩；4. 追求速度，如快速滑雪下山；5. 混战一团，如摔跤和打闹；6. 独自玩耍。她发现，孩子们总想在没有成年人监护的情况下，独自一人探索新的未知环境，这是孩子们探索世界，与世界和谐相处的方式。

冒险游戏在大多数情况下发生在自由玩耍期间，而不是由成年人组织的游戏中。自由玩耍时，孩子们会通过冒险来学习如何管理、控制，甚至克服恐惧。桑德斯特认为，冒险游戏是一种"暴露疗法"，即孩子们强迫自己去做自己害怕的事情，面对恐惧，克服恐惧。例如，孩子可能会骑着自行车冲上木板搭建的跳板，随后凌空跃起，也可能会踩着滑板玩些新技巧。桑德斯特表示，这类游戏会带来脱敏效果。经过研究，她发现孩子若在5岁到9岁期间有过从高处坠落而受伤的经历，那么18岁时就不太可能恐高。

然而，如果孩子们从未有过暴露于危险之中的经历，他们的感受就会从害怕变成真正意义上的恐惧症，因为父母的焦虑会影响孩子的情绪发展。乔安·迪克（JoAnn Deak）博士著有《女孩就是女孩》（*Girls Will Be Girls*）一书。书中提到："与直面挑战的女孩相比，总是逃避危险的女孩的自尊意识更差。"因此，要想减少如今的孩子身上越发严重的社会情绪问题，就应该让孩子们去玩那些能让他们兴奋的游戏。

孩子会对独立玩耍感到自豪

一天，有一群三年级学生来 TimberNook 参观，其中大部分是男孩，他们吵吵嚷嚷，跑跑跳跳。不过，孩子们一意识到他们可以在树林里自由地探索和搭建，情况就不一样了：他们分散在各处，非常安静。很多孩子聚在一起开始合作，搭起了帐篷。看到孩子们心满意足地用树枝、石块和原木在树林里建造着些什么，我真是太开心了。不过，这种快乐只持续了一会儿。一声大吼后，所有人的心跳加速，恐惧溜了进来。

"把树枝放下！"我转头，看到一个妈妈疯了似的朝着孩子们跑过去。

"危险！快放下！"她尖叫着。那时，我被这突然出现的紧急状况惊呆了，过了一会儿才说出话来。"没关系，"我安慰她说，"我说过，他们只要注意不要戳到别人，就可以玩那些树枝。"她皱了皱眉，没说下去，转身走回到父母那边。我本可以阻止孩子们建造房屋，让他们陷入恐惧之中，鼓励他们做一些在周围的成年人看来风险较小的事情。但我没有，我决定让孩子们继续下去。

几个成年人也兴高采烈地来帮忙，在他们的帮助下，孩子们建起了一个巨大的圆锥形帐篷。"快看哪！"一个孩子自豪地向我们展示他们的成果。"真不敢相信！"另一个孩子兴奋地说。健康的户外游戏体验总会带来碰伤和擦伤。搭帐篷的过程中，没有孩子受伤，这是件好事。孩子们参与这种"冒险的"游戏不仅没有对自己造成伤害，还对自己完成的工作感到非常自豪。

让孩子们去冒险可以增强他们的自信心。用小刀削树枝，独自四处探索，照看篝火，建造堡垒……所有这些事情都有一个共同点：有受伤的风险。尽管对父母来说，让孩子冒险有点可怕，但这些经历会为成长中的孩子带来相当可观的回报和价值。比如第一次骑自行车这种冒险行为，看起来可能会很吓人，但与此同时，孩子也在学习克服这种恐惧来达成某个目标。在学会骑自行车的过程中，孩子也学会了保持耐心，锻炼了毅力和韧性。他会学到，即便会摔倒，人仍然要尝试。最终，他学会了骑自行车，然后可能会想，这是我自己学会的！这是多么好的人生经验哪！生活就是一系列连续的考验。

冒险不仅有助于孩子们克服恐惧、建立信心，还能帮助孩子们锻炼出强大的体能，拥有更好的身体意识。良好的身体意识对孩子们能否在周围环境中保持自身安全十分重要，对孩子们能否与周围世界有效互动也至关重要。很多日常活动对提升平衡能力、培养良好的身体意识有极大作用，例如：转圈、在山坡上滚来滚去、跳舞、做体操、滑冰、玩旋转木马、倒立、摇摆、游泳、潜水、攀爬、爬行，等等。

真正对孩子有用的户外安全常识

无论住在哪里，你都想教会孩子安全地独自出行。如果住在城市里，那就教孩子如何应付街道上会出现的状况。孩子们得学习辨识某些标志，知道如何从 A 处走到 B 处却不会迷路，知道如何过马路，需要帮助时应该找谁，如何与自己的同伴待在一起，等等。

如果住在市郊，那么教育的内容可能会稍有变化。你可能得教孩子如何安全地骑车去找邻居；如何向你报平安，每次出门的时候都得告诉你要去哪儿；过马路要小心，注意来往车辆；不要去陌生人家里等等。

如果住在乡下，你可能就得教会孩子如何辨别哪些植物有毒，在野外什么能吃什么不能吃，如何在树林里辨别方向，哪里能去玩哪里不能去，也得教会他没有大人陪伴的时候不能去河里游泳等等。

想让孩子安全地在自然环境中玩耍，可以看看以下这些建议：

▶ **处理割伤和擦伤。**如果孩子被割伤，或者身上有了淤青或擦伤，别太当回事。孩子判断环境是否安全时，会看我们的脸色。如果我们认为这些只是户外玩耍避免不了的情况，他们便也会觉得这些割伤、淤青和擦伤没什么大不了的。随身携带几个创可贴以防万一，如果出现割伤或擦伤，先清洗，如果流血再贴创可贴，不流血就让伤口自己愈合。

▶ **不怕玩得湿漉漉脏兮兮的。**如果孩子在泥地或水坑里玩耍，不小心把自己弄得湿漉漉脏兮兮的，你也不要大惊小怪。还是那句话，只要你不在乎，孩子就知道这事没什么可担心的。对这种事反应过度根本不会起到什么作用，还可能会吓到孩子。建议准备点备用的衣服或毛巾，有需要就迅速换上。

▶ **分辨有毒植物。**告诉孩子哪些植物有毒哪些没有是很重要的。有很多孩子觉得他们遇见的每株植物都是毒草，这种想法让他们害怕极了。我就遇见过很多这样的孩子。在树林里，他们甚至都不敢离开脚下这条路。如果让孩子知道哪些植物有毒，哪些没有，他们就不会害怕每株植物了。

▶ **注意补水。**孩子很容易玩得入迷忘了喝水。确保孩子一直能喝到水十分重要。激励孩子喝水有个好办法，那就是给水中加点味道，比如加点水果或者纯果汁。

▶ **注意虫子。**父母自己先了解一下在户外需要注意的虫子。如果外面真的有很多虫子，可以考虑给孩子喷点原料纯天然的防虫喷雾。知道哪些虫子应该小心提防。如果孩子被你担心的这些东西咬了一口，也要保持冷静。我们最不想看到的，就是孩子因为害怕不想出门。

▶ **晒太阳。**户外玩耍对维生素 D 的合成十分重要。但如果孩子在户外玩耍时几乎没有树阴，就可以考虑给他们涂点防晒霜，避免晒伤。也可以买一件防晒服，以及戴帽子防止面部晒伤。

▶ **防止迷路。**无论你住在市里、市郊还是乡村，都要带孩子熟悉周围环境。你要教会孩子正确地阅读地图，看懂指南针，了解周围道路的标志。大部分情况下，实体界限能防止孩子迷路。例如，你可以说："你最远可以走到托尼家，再远就不行了，就得回来。"此外，教会他们迷路时要做什么也很重要，比如告诉他们找谁求助。

理念总结

尽管让孩子冒险会让父母甚至孩子自己觉得很可怕，但这是孩子成长过程中的重要一环。冒险可以让孩子克服体能困难，还能增强他们的感觉统合能力。长远来看，这会让孩子的抗压能力更强，让他们更安全。冒险游戏也能让孩子克服恐惧和焦虑，长成坚强的大人。孩子需要在冒险中获得失败和犯错的机会，这样才能学会应对挫折，从容地面对未来生活中的挑战。

BALANCED AND BAREFOOT

第 6 章

借助城市游乐设施自由玩耍

**BALANCED
AND
BAREFOOT**

　　如今孩子的玩耍场所发生了改变：游乐场所不再具有挑战性，更不再能激发孩子的潜力。孩子玩耍的大部分时间都有父母的陪伴，父母会尽量不让孩子摔倒。很多游乐设施也被搬到了室内。所以，父母们要费点工夫，找那些能激发孩子潜力却不会给他带来负担的游乐场所，找那些能以不同方式让孩子挑战体能、培养创造力的游乐设施。

过去游乐园里的金属游乐设施完全能满足孩子们的锻炼需求，还能为他们提供看起来似乎无法完成的挑战。但现在，这些设施已经被玩法更简单、色彩更鲜艳的塑料玩具所取代。随着户外玩耍的机会变得越来越少，室内儿童乐园开始流行起来。

本章将对户外游乐园展开详细探讨，讨论它们是如何改变的，讨论这些变化对儿童发育的影响，以及高质量的户外游乐园应该包括哪些设施。本章还将对室内游戏场所进行探讨，讨论为什么户外比室内更适合孩子玩耍。此外，我们还会讲到如果实在没办法去户外，应该如何选择室内的儿童乐园。

游乐园的困境

我两个女儿在她们 5 岁的时候就已经很高了，我家附近很多游乐园的设施都不适合她们了，如果带她们去玩，她们玩上几分钟就没有了兴致。

与游乐园相比，她们更喜欢去田野里自己玩游戏，扮成自己假想中的某个人物，用满地的小树枝搭堡垒。于是，我开始思考，我为什么一开始想把她们带到游乐园里呢？好的游乐园应该能激发孩子的兴趣，挑战孩子的潜能，而不是让他们觉得索然无味。

我在 20 世纪 80 年代初长大，从那时起，游乐园就开始发生变化。所有的设施都变矮了，滑梯更短，秋千更小，被认为"太危险"的设施也已经不见了，取而代之的是一些"正常"的游乐设施，但完全无法提供同样的体验。于是，我很好奇这么多年来，游乐园究竟发生了怎样的变化，为什么会发生这样的变化，以及这些变化对儿童发育产生了哪些影响。

过去的游乐园

最近，我发现了一张 1900 年的照片，照片上是美国得克萨斯州达拉斯市的一个游乐园，游乐园里有一群差不多 8~10 岁的男孩子，像骄傲的孔雀一样，坐在离地居然有 6 米多高的方形金属管上！二三十年前，游乐园里的游乐设施大部分是用金属制作的。孩子们只是坐在金属管上，双手放在腿上，双腿高高悬在空中，平衡能力绝佳。要知道，我平时在工作中，接触的都是平衡能力和身体意识有问题的孩子，这张照片真的让我十分惊讶。想到 20 世纪初的孩子们居然有一流的平衡感，我不由得十分困惑。

这些孩子仅仅利用上身力量和核心力量就能坐在离地 6 米多高的金属管上，他们真的太厉害了，我又一次感到十分敬畏。我遇见过很多"正常"的孩子来参加夏令营，但这些孩子甚至连秋千绳索都抓不牢，荡一会儿就掉了下来，更别说在不借助任何外力的情况下爬上金属管了。过去的孩子们真的很强壮！

20 世纪初，游乐园在美国各地如春笋般涌现，为了让孩子们不要在街道上玩耍，大人们为他们在离家不远的地方建造了安全的游乐场所。游乐园对那些住在城市里，不能在大自然里恣意玩耍的孩子们十分重要。美国前总统西奥多·罗斯福在 1907 年的一次演讲中表示，建立公共游乐园，让孩子们远离危险和犯罪十分必要，"城市里的街道并不是孩子们理想的游乐园"。

罗斯福总统表示，"玩耍是基本需求"，就算大一点儿的孩子也需要挑战自己的身体极限。"建多少学校，就应该给孩子提供多少游乐园。在城市里，步行距离之内就应该能找到游乐园，因为大多数孩子都付不起车费。"

20 世纪早期到中期，游乐园里大多有 3~9 米高的攀爬设施、单杠、旋转木马、6~9 米长的不锈钢滑梯、摆长在 4.5 米左右的秋千，还有跷跷板，甚至还有"女巫帽"一类的游乐设施。"女巫帽"是一种圆形装置，孩子们抓住它拼命地奔跑可以双脚离地，身体腾空。

到了 20 世纪七八十年代，这些设备大部分已经老旧，需要更换。而大部分学校和政府相关部门并没有换个同款的，而是换成了"更安全"的设备。新换的、塑料制成的、更鲜艳也更安全的设备带来了用来缓冲的木屑和橡胶垫，却送走了能激发儿童潜能的、充满挑战的娱乐体验。

游乐园的新规则

20 世纪 80 年代早期是 "安全第一" 的时代。由于父母的各种担心，游乐设施的制造商和游乐园的设计者害怕陷入官司之中，各种限制也越来越多。1987 年，在芝加哥，一个蹒跚学步的孩子爬上了一个 3.6 米高的龙卷风滑梯，他妈妈就跟在他身后几步。然而悲剧发生了，这个孩子没能成功滑下滑梯，他从扶手和台阶之间的缝隙中掉了下去，头部着地，大脑严重受损。一年后，孩子的父母对芝加哥这座公园和制造、安装滑梯的公司提起诉讼，而这只是推动人们对有潜在危险的游乐设施加以改造的诸多诉讼之一。

1981 年，美国消费者产品安全委员会（US Consumer Product Safety Commission）出版了第一本《公共游乐园安全手册》（*Public Playground Safety Handbook*），为保护儿童安全提供了指导方针，而不是仅仅提出要求。安全手册的目的是促使游乐设施的制造商和游乐园的设计者检查游乐园的设计，重视尖角、缝隙和其他安全隐患。然而，人们开始将安全手册用于诉讼。由于担心父母提起诉讼，政府相关部门将游乐园里可能带来哪怕一点点危险的设施都撤了出去，比如旋转木马和跷跷板，然后用更为简单也丝毫无法激发潜能的游乐设施取而代之。

为了让游乐园更安全，我们走了极端，选择了不能让儿童面对挑战、无法促使孩子们健康发展的那些设施。我们错误地认为，孩子们必须规避所有潜在风险。冒些合理的风险对儿童的健康发展至关重要。

游乐设施的变化

当下这个时代，人们对安全的追求甚至可以用"痴迷"来形容，这种理念极大地改变了游乐园的外观和体验。接下来，我会进一步探讨，用超级安全的游乐设施代替过去那些能带来挑战的设备，会对感觉系统发展带来什么影响。

旋转木马

在我最喜欢的游乐设施里，旋转木马一定算一个。在孩提时代，旋转木马给我带来了很多快乐！我和一群朋友一起爬上去，紧紧抓住把杆，另一个孩子在下面推，让我们嗖嗖地转起来。旋转木马越转越快，我们越抓越紧，玩旋转木马可真的需要力量和勇气。长大以后，我成为一名治疗师。在我看来，旋转木马可能算是治疗效果最好的游乐设施了。

旋转木马旋转时会在内耳中产生离心力，此时，胞囊（内耳中含有毛细胞的充满液体的空腔）会被最大限度地激活，向大脑发送有关方位的信息。这种针对前庭感觉的治疗可达成"集中、扎根、可持续"的效果。换句话说，旋转木马的旋转能促使孩子变得冷静，同时也提高了专注力。这与许多老师在学校里观察到的情况完全相反，在学校里，孩子们一点儿都不安静，也无法集中注意力。

旋转木马曾经在游乐园里很常见。孩子们每天都能坐上旋转木马，接受感官刺激。从本质上讲，坐旋转木马让孩子们接受了快速的前庭输入，发展出强大的感觉统合框架，建立了良好的平衡系统。然而，由于近些年来人们一直关注安全问题，旋转木马这个被认为不安全的游乐设施已经很难找到了。孩子们不仅会错过使用这种设施的兴奋感，也无法在日常生活中接受有价值的前庭输入了。

与其把旋转木马看成是永远不会再使用的危险设备，倒不如我们后退一步，把它看作能帮助孩子们为学业做好准备的重要工具。跟其他所有工具一样，我们只是需要告诉孩子们如何正确使用它。

那应该如何做呢？公园的管理者都说，就算他们想用新的旋转木马来代替旧的、生锈的旋转木马，他们也做不到，因为大多数制造商都停止生产了。但也还有希望，许多游乐园的经营公司正在制作现代版本的旋转木马。这些设施不像旋转木马那样既能给儿童带来挑战，也能起到治疗作用，但确实也复刻了旋转木马能够带来的大部分感觉输入。

秋千和滑梯

近些年来发生变化的游乐设施并不只有旋转木马，秋千的摆长也越来越短了。缩短秋千的摆长是道算错了的物理题，这样做会改变孩子们在摆动时需要的力量和前庭输入量，孩子们接收到的前庭输入只会变少。再申明一次，我们认为对儿童来讲"更安全"的事情其实会让他们变得不安全。如果孩子们日常不能获得足够的前庭输入，前庭系统便会发育不良，无法发挥良好作用，不能支持诸如专注、调节和学习等高阶技能。

不仅秋千更短，孩子们在秋千上的活动也受到了限制。我治疗过两个孩子，一个在幼儿园，一个上三年级。我要求他们在学校用秋千做旋转动作来提高身体意识。但他们告诉我，老师不让他们在秋千上转圈。他们住在不同城市，上的也不是同一所学校，但却得到了同样的答案。我十分困惑，问道："什么？你不能在学校玩秋千吗？不能抓着秋千转圈吗？"三年级的孩子说："不行。老师说这太危险了。"

很多我们现在看起来很危险的活动，曾经是很多成年人的美好回忆。我还记得小时候，我走到高高的金属秋千前。秋千太高了，我好像玩不了。秋千变成一项挑战，我要征服它。我和朋友并肩作战，对彼此微笑，然后开始一起向上荡。最后，我俩发现彼此的频率不一致，不禁大笑起来。我俩花了几分钟把秋千荡到顶点。这自然检测了自己的身体极限。秋千荡向高空又快速下落，这个过程真是太刺激了。

还有些时候，我们会在秋千上快速转圈，越来越快。我甚至记得自己曾经试过从秋千上跳下来，想看看自己能跳多远。那时，我觉得自己在飞翔，势不可当，这给了我极大的信心和快乐。我从来不只是转圈而已，我始终在寻求挑战。为了保持兴趣，我需要一些"危险"的元素。如果无险可冒，我肯定不会去转圈了。同样，如果没有潜在的刺激或挑战，秋千对这一代孩子会失去吸引力。

与秋千一样，现在的滑梯也变短了，意味着孩子在线性运动上的前庭输入也变少了。还有，我们总是阻止孩子爬滑梯的滑道。如果有人正准备滑下来，不让攀爬滑道是有道理的。然而，滑梯上没人的时候，让孩子从滑道爬上去能够帮助他们加强上身力量，改善运动控制。而趴着滑下去，对孩子来讲也是一项很好的活动，能够激活大脑的不同部位。

如果孩子的行为看起来违反了所谓的"游乐园礼仪"，不要轻易否定他，而是要从另一种视角看待游乐园中的设备。孩子只知道，爬上滑梯和滑下来的目的都是一样的，就是为了玩。以开放的心态让孩子用不同的方式开发各种设施的功能，这将扩大他们的感觉体验，应该允许孩子以新的方式来操控身体，并自行评估是否能适应这样的方式。

立体方格铁架

单杠可能是现如今最接近立体方格铁架的东西了，还有其他一些离地面很近的小型攀爬架也可以算进去。但与过去的立体方格铁架相比，这两样都算是小巫见大巫。立体方格铁架有很多层，离地也很高，这才能给孩子们带来真正挑战。过去好几十年里，孩子们都会爬上去，头朝下挂在横杆上，对着大人或同伴自豪地大喊："看哪！我手都没抓着！"这项运动很有趣，只有最勇敢的孩子才敢尝试。

倒立会让内耳中的液体移动，有助于提升空间意识。向高处攀爬会提升儿童的运动技巧，还能提升他们的自信心和成就感。但现在，爬上攀爬架并不会给孩子们带来多大挑战，因为那些攀爬架离地都太近了。孩子们在玩单杠和攀爬架时也会受到限制，不许倒立就是其中之一。一位老师告诉我："我们甚至不许孩子们横着爬过单杠，总是怕他们掉下来。"

为了促进孩子们的前庭系统健康发展，可以让他们在家里练习倒立。如果他们可以接触到单杠或者吊杆，大部分孩子都不需要成年人的指导，可以自然学会倒挂。有时候，孩子们只需要看别人怎么做，自己就能学会。当然前提是，你得允许他们这样做。

跷跷板

跷跷板也已经遁入历史云烟。然而，跷跷板不仅可以为孩子们带来冒险感受，还可以让他们跟其他小朋友一起玩耍，进行眼神交流和社交联系。玩跷跷板是个团队行为，需要孩子们轮流发力，让这个简单但有趣的设备上下运动。尽管设计很简单，但跷跷板能帮助孩子们提升大肌肉运动技能。跷跷板需要良好的身体节奏、平衡能力、核心力量和注意力，才能玩得好。现在，跷跷板设计得更短了，还装了弹簧，就是为了防止孩子们离地过高。这些新跷跷板无法提供与之前相同的感官输入，也无法带来同样的挑战体验。

旋转木马、高高的秋千和滑梯、巨大的立体方格铁架和跷跷板都有个共同点：会提供必要的感官输入和挑战来促进大脑发育。我们不应把这些能产生治疗作用的游乐设施从孩子们身边撤走，也不应改变它们的治疗作用，而应告诉孩子们如何正确使用这些设施。采取安全防护的确合理，但满足孩子的成长需求更加重要。

游乐园里的设施应该是什么样

现在的人们也设计出了很多非常好的游乐园。旋转木马和跷跷板虽然已经很少见了，但如果你特意寻找依然能够找到。与此同时，还出现了许多很受欢迎的自然游乐园，也能促使孩子们创造性地游戏，培养他们的探索欲。因此，想找到个好的游乐园并不困难。接下来，我们将探讨什么样的游乐园才算是高质量的游乐场所。

带有自然元素

评估游乐园时，首先要考虑到孩子能在这里接触到哪些自然元素。在自然环境中玩耍能为孩子提供许多冒险的机会，大自然是无法预测的，探索自然的过程通常会让人非常兴奋。自然环境也能促使孩子玩扮装游戏。

而人造游乐园里的设施大部分功能较少，没有给孩子留太多想象空间。在大自然中，孩子们能接触到很多可移动的东西，比如树枝、石头、树叶和松果，这些东西都能为游戏提供新元素。孩子们也经常会捡起树枝来建造堡垒或假装商店，树叶也可能会变成美味的"食物"，石头可能会被高高堆成仙女屋。自然游乐场所往往会激发孩子们的创造力，因为那里能用来玩的东西太多了。

此外，前文也探讨过自然为我们提供了终极的感觉体验。潺潺小溪和周围的树木不仅能丰富游戏体验，流水的声音和自然的环境也能为孩子带来平静的感官输入，帮助他们放松，平静下来。除了自然元素之外，在选择游乐园时还要考虑以下因素：

▶周围有树林、峡谷、海滩或其他能用来探索的自然区域。

▶可以玩水。

▶有可以用来玩游戏、追逐打闹的户外开放区域。

▶有花园可以浇水，可以嗅到花香。

▶有能移动的东西可供搭建，比如小树枝、石块和原木。

▶有能爬的树。

▶有绳索秋千或轮胎秋千。

▶▶有可供玩耍的土堆或沙坑。

▶▶有攀爬网。

▶▶有大大小小可供孩子爬上跳下的大石头。

▶▶有小山坡可以滚。

活动空间大

评估游乐园的另一个因素也不复杂，仅仅是有能让孩子们跑动玩耍的地方而已。空间越大，孩子们就会有越多的私密空间，独自行动的能力就越强。重要的是，我们不能在附近看着孩子，得离他们远一点儿。如果孩子们有自己的空间玩耍，就更有可能与同龄人一起进行创造性游戏。

空间大了之后，孩子们就能够轻松自如地活动，有的在这里踢球、捡球，有的在那里扎堆玩扮装游戏。此外，给孩子们更大的玩耍空间可以让他们有机会远离成人世界，这点很重要，这能让他们放松下来，以自己的节奏活动，免得大人总怕这个怕那个，干扰他们的活动。下面这些活动空间可以考虑：

▶▶能恣意奔跑的草坪。

▶能玩泥巴的活动场所。

▶能骑自行车的小路或步道。

▶能爬过去的管道，够大够长才行。

▶沙滩，或能玩水的地方。

▶能爬上爬下的小山。

▶能去探索的树林。

▶石头和灌木组成的错综复杂的迷宫，能让孩子漫游其中。

▶能攀爬的大石头。

▶能下去探索的沼泽地。

颜色别太花哨

　　我的一个朋友曾说，现在的游乐园色彩太鲜艳，好像快餐店似的，里面的颜色从大红到亮蓝再到柠檬黄，饱和度高得很。游乐设施的每个部分都色彩鲜艳，就好像孩子需要这个额外的视觉提示才能知道自己已经从一个设施换到另一个了。在成年人看来，这些游乐园充满了视觉刺激，但对孩子来说，这些颜色可能会给他们的眼睛带来太多冲击，会分散他们的注意力，导致过度刺激，过度兴奋。父母和老师经常会看到，孩子在这类设施中玩耍时，会非常大声地说话，行为也有些混乱。作业治疗师认为，产生这种行为的原因在于过度的视觉刺激。

这些微小的混乱连起来，就变成了巨大的混乱，而与其让孩子在这样的地方玩那些刷满颜色的塑料设施，不如让他们接触一些设计更简单的游乐设施，比如具有以下这些特征：

▶木质的或金属的。

▶防止视觉过度刺激的中性色调。

▶有原木或树桩。

▶游乐园中有花园或自然景观设计点缀。

▶附近有树林或开阔水面，有镇静作用。

简单但带点儿挑战

选择游乐园时，应注意观察里面是否有能给孩子带来挑战、提供不同感官体验的游乐设施。想象以前的那些游乐设施，比如旋转木马、跷跷板、巨大的攀岩墙、高高的秋千和滑梯，这些都是游乐园的加分项。高质量的游乐园应该将自己的游乐设施分散在各处，而不是放在一起。把游乐设施放在不同的地方能激发孩子们的探索欲，而不是仅专注于设施本身。

　　另外，只有几件游乐设施的地方也可以纳入考虑范围。太多游乐设施会分散孩子们的注意力，让他们无法开发出自己的创造性。只要有几件设施，孩子们就能挑战自己的体能和平衡能力。除此之外，孩子们还可以跑来跑去，编出自己的游戏方式，设计建造堡垒，在大自然中玩扮装游戏。以下是需要注意的方面：

▶游乐设施不要太多，避免让孩子的感官不堪重负。

▶有高高的秋千和滑梯。

▶有能旋转的设施，比如旋转木马。

▶有能挑战平衡能力的设施。

▶有需要两个或两个以上孩子一起操作的设施，比如跷跷板。

▶有需要攀爬的设施。

如何选择室内游乐空间

　　室内游乐空间和生日聚会场所正变得非常受欢迎，尤其在寒冷的月份，很多人不想出门。虽然室内游乐空间很有趣，也能满足躲避室外寒冷等要求，不过，最好只是偶尔在室内玩耍一下，而不是以此代替户外活动，因为户外空间才具有疗愈效果。与使用科技产品一样，经常使用室内游乐空间会挤占户外游戏的时间。

许多室内儿童乐园是为儿童娱乐专门设计的。蹦床或弹跳屋是为了让孩子们跳跃，海洋球池是为了让孩子们跳进去，隧道是用来钻进去的等等。如此一来，虽然孩子们也能在这些空间里活动，但无法激发他们的想象力，进行假想游戏体验。正如前文提到过的，明亮的颜色和巨大的噪声会对孩子产生过度刺激，让他们处于某种极度活跃的精神状态。孩子们进场就会跑来跑去，一样接一样地尝试各个游乐施设，仿佛脱缰的野马。在室内儿童乐园里，很少有孩子会坐下来假装喝茶聚会或假装躲避想象中的恶龙追杀。相反，他们会说"我们现在就去开赛车吧"或者"我们去玩海洋球吧"。

尽管大家都说室内空间也可以调动感觉发育，但事实并非全部如此。的确，室内空间确实能够提供感觉输入，无论你身在何处去向何方，你一直在接收感觉输入。但是，总有一些感觉输入并不适合孩子的成长。响亮的噪声和明亮的色彩提供了高度刺激，会让孩子进入高度兴奋状态，这并不是个健康的状态。而户外活动能够提供相对平和且有序的环境，为学习和创造性活动奠定基础。室内环境会带来过度负担和过度刺激，而自然环境能激发孩子的潜能，也能让他们恢复活力。

去室内儿童乐园就像给孩子喝苏打水，时不时喝上几口会要了他们的命吗？大概率不会。但你会让孩子每天都喝苏打水吗？当然不会。我的座右铭是"万事有度"。室内游戏当然没问题，能为孩子提供新奇有趣的游戏体验。只要不拿它代替户外活动，不要超过孩子在户外游戏的时长就可以。如果孩子们大部分时间都待在室内，就可能出现感觉系统发育问题。

有的时候可能不太方便去户外，比如天气十分寒冷，又或者你心血来潮想尝试某个室内儿童乐园。那这种情况下，可以根据场所环境和孩子的需要，提前研究一下你想去的地方，明确自己要带孩子去哪里。以下是对如何选择高质量室内游乐空间的一些建议。

▶ **博物馆**。儿童博物馆和科学博物馆都很好，很能吸引孩子的兴趣，大部分也会提供足够空间给孩子活动，展品也能激发孩子的创造性思考。虽然馆内可能会有很多人，但场所本身不会有太多明亮色彩和塑料制品。同时，这些场所会提供互动展品，给孩子们提供在其他地方可能不会遇到的亲身体验。从看小鸡在保温箱里孵化，到模拟驾驶潜艇，一切都可以为孩子们提供新奇体验。

▶ **水上乐园**。水上乐园不仅适合各个年龄段的孩子，还能提供大量前庭体验和触觉体验。以不同的速度从长滑梯上滑下来能给孩子提供必要的前庭输入，溅在面部和四肢的水滴可以提高孩子对触碰的耐受性。如果水上公园在户外，那就更好了。户外环境中有阳光、微风，还有其他元素可以带来强大的感官体验。

▶ **公共建筑内部的中庭。**这类开阔空间中通常会有室内花园。虽然孩子们不能真的在这些地方撒欢奔跑，但室内中庭通常会有自然景观。就像前文提到的，对小孩子来说，仅仅看着自然景色就能平静下来。如果想安安静静地玩耍或读书，这些地方就很不错。

▶ **室内儿童乐园。**如果孩子真的需要撒欢奔跑，而又没办法去室外空间的时候，室内儿童乐园也是个不错的选择。不过，要选择那些能真正挑战孩子体能、激发孩子潜力的儿童乐园。有可移动设施的儿童乐园是最好的，因为孩子们能设计并创造他们自己的游乐空间。此外，也得看儿童乐园里是否有可供攀爬的设施，是否有能让孩子转向不同方向的游乐设施。我还会建议你带孩子去没有太多颜色和人的地方，那样的地方能为孩子提供一个安静却充满挑战的环境供他探索。

▶ **攀岩馆。**如果能去户外攀岩是最好的，这样能迫使孩子们在更复杂的环境下发挥想象力和解决问题。然而，如果去不了室外攀岩，室内攀岩馆也是可以接受的。攀岩能够提高孩子的运动技能，提升他们解决问题的能力，发展身体意识，锻炼整体力量。攀岩的过程中，孩子们还能学到要有耐心和毅力，要能控制自己，还能培养自信心。

▶ **海洋馆。**海洋馆会让孩子们接触到平时不怎么接触的环境。他们会接收到一些视觉刺激，但不会过度；他们能看到各式各样，五颜六色的深海生物。一些海洋馆还设有触摸池，孩子们可以通过触摸不同的海洋生物来刺激触觉，比如海胆是有刺的，黄貂鱼是滑滑的。

▶ **游泳池。**无论是在室内还是室外，游泳都具备强大的疗愈价值。水的浮力能提供一种失重感，减少运动对关节和肌肉的冲击，还能让孩子在面对提高整体力量所需的阻力的同时，仍能自由移动。此外，当孩子们在水中移动时，水能接触到身体的各个部位，提供强大的触觉反馈。游泳也很有趣，孩子们可以屏息跳入水中，在水下转圈。

▶ **艺术体验馆或科学体验馆。**开放性艺术或科学项目总能拓展孩子的思维，激发他们的创造力。如果把漂亮的艺术材料和科技小物件分发到孩子手里，却不给他们规定目标，他们就能从头开始，不受干扰开放思考。摆在他们面前的选项无穷无尽，孩子就能学会如何提出想法，实践想法，最终评估结果，而这个能力十分重要。这会激发他们的想象力与创造力，也能培养他们解决问题的能力和自我评估的能力。

▶ **开放式动物园。**与小动物们一对一互动的体验总是十分迷人。用手把食物喂给动物会给孩子带来极佳的触觉反馈。动物们的声音也能帮助孩子们记住这项经历，形成重要的神经连接和长期记忆。

理念总结

　　如今，孩子们每天的玩耍时间变少了，也不像之前的孩子们那样与同龄人一起玩耍，而是大部分时间都有父母的陪伴，被呵护着避免摔倒。孩子们玩耍的场所也发生了改变：游乐园不再富有挑战、充满刺激，很多设施被搬到了室内。因此，为孩子们提供日常户外游戏来保障他们具有健康、有意义的感觉体验至关重要。户外的大自然为他们提供了最开放的环境，能让孩子们平静下来，让他们玩扮装游戏玩上好几小时，也能激发他们的创造力，帮助感觉系统正常发育。如果自然环境不允许，或你想做出些改变，那么只要能仔细选择，户外游乐园和室内游乐空间也能带来不错的体验。

BALANCED AND
BAREFOOT

第 7 章

重新思考课间休息和教室环境

BALANCED AND BAREFOOT

　　让孩子每天有几小时的课间玩耍时间非常重要，这能支持他在课堂上集中注意力，也能促进健康的感觉统合。孩子真正需要的课间活动是远离成年人指导的自主活动，因为他需要潜入自己想象世界的时间和机会。此外，我们还可以对传统教室环境和课堂形式做重新规划，比如设立户外教室。

在 TimberNook 只有两条规矩：1. 孩子们的视线里永远要有个成年人；2. 孩子们要尊重其他人，无论是成年人还是同龄人。除此之外，多余的规矩一概没有，其他所有的事情都是公平竞争。孩子们可以爬树、大喊、跑跳、赤脚，可以使用工具或把自己弄得脏兮兮的，也可以创建自己的社会规则，用他们能在树林里找到的东西搭建他们喜欢的建筑。看到这，大人们一定会很惊讶，他们会问："这不乱吗？"在成年人看来，这种情况发展下去，简直就是《蝇王》（*Lord of the Flies*）[1]的翻版。但实际上在TimberNook，孩子们踩底线的做法和行为问题，比当地用许多规则束缚学生的小学要少。

在 TimberNook，孩子们似乎更平静，更专注，不那么好斗，还有着满腔热情。这不仅让他们的父母感到惊讶，也让老师、学校管理者，甚至体育老师都感到震惊。他们都公开表示，想知道营地采取的这些措施是否

---

[1]《蝇王》是英国作家威廉·戈尔丁的代表作，书中的故事发生于想象中的第三次世界大战，一群男孩被困在荒岛上，日渐脱离社会制约和道德规范后，开始自相残杀。——编者注

适用于教室活动和课间活动。答案当然是肯定的。

还记得前文曾经提到的，来自新西兰的斯旺森小学的布鲁斯·麦克拉克兰吗？在这所学校里，麦克拉克兰取消了课间休息时的禁令，随后发现"调皮捣蛋"的孩子急剧减少，而在课堂活动中，孩子们的注意力提升了，参与度也增加了。我们曾经讨论过他改变传统课间休息方式这种做法与 TimberNook 的做法之间的相似之处，发现了见效又不会导致局面混乱的关键性因素。本章将会对这些关键性因素加以探讨，也会谈及如何在课间、课堂和日托中心实践这些因素以促进儿童发展，让孩子们参与更深层次的学习过程。

课间休息这样玩能提升学习

至今我还对上学时的课间活动记忆犹新。我们的游戏区后面是一片树林，我们可以去树林里玩，只要在老师视线范围内，都可以自由活动。我还记得我和朋友们一起在树林里玩，假装自己是个公主，或是什么其他的童话角色。偶尔我们会试试那边的立体方格铁架，也会从秋千上跳下来。有时，我和朋友克里斯特尔甚至会和男孩子们一起踢足球，也会炫耀自己在体操课上学到的后手翻。

我们玩了整整 1 小时才回到屋里。课堂上，我们活力满满地唱歌，参与科学小实验，又或是参与老师给我们准备的学习活动。我喜欢课间休息，也喜欢上学。可时代在变化，我两个女儿 5 岁大的时候就开始说讨厌上学了。到底怎么了呢？课间活动和孩子能做自己的时光都慢慢消失了。

20 世纪 80 年代末以前，1 小时的大课间和一两个稍短的课间休息还是很常见的。但进入 90 年代，提升学业成绩成为学校和立法机构关注的关键问题，而增加教学时间才会增加考试的通过率。由于白天的在校时间有限，于是减少课间休息时间顺理成章，尽管越来越多的研究表明，课间休息对儿童发展和学业成绩十分重要。

20 世纪 90 年代末期，美国 40% 的学区已经减少或取消了课间休息时间。2001 年，美国通过了《不让一个孩子掉队法案》(*No Child Left Behind Act*)，因为达到新学业标准的压力越来越大，课间休息的时间继续被压缩。现在，6 小时的在校时间内，如果孩子们能有哪怕那么一次 15 分钟或 20 分钟的课间休息，那就很幸运了！

课间休息的重要性

前文讲过，孩子每天有几小时的活动玩耍时间非常重要，这能支持他们在课堂上集中注意力，也能促进感觉的健康统合。因此，课间休息是个让孩子们接触到高质量游戏体验的理想机会。课间可能比不上那些肆无忌惮玩耍游乐的往日时光，但对孩子们来说，有运动休息的时间就比没有要好。课间休息能让孩子们发育中的身心都得到滋养，也能给他们时间去活动，参与到主动自由玩耍中去。课间休息对孩子们的身心发展和学业成绩都十分重要，因为它有如下作用。

▶ **避免肥胖**。现今，越来越多的孩子过度肥胖，增加课间休息会让他们有更多机会活动起来。研究发现，如果孩子们可以在课间休息时自由玩耍，至少有 60% 的人会拉着其他孩子一起活动身体。研究还表明，与有组织的体育课相比，孩子们在课间可能会进行更高强度的主动玩耍，保持身体健康。

▶ **改善行为**。研究表明，课间休息能提升孩子们的课堂注意力，让他们不再觉得自己坐不住，并改善他们的整体行为。其原因在于，充足的运动帮助孩子们发展出强大的前庭系统，能够支持孩子们集中注意力，并提升课堂参与度，也有利于调节情绪。老师们也注意到，休息时间越长，孩子们在教室里学习的时候，就越专注、越投入。

▶ **发展社交技能**。课间休息是与其他孩子自由玩耍的好机会。当孩子们一起玩耍时，他们会学习如何交涉，学习要按次序轮流来，也会学习如何有效沟通、倾听他人、坚持自己的需求、处理冲突、制定并遵守规则，也能锻炼领导力。成年人可以在社交场合中或通过角色扮演的游戏来尝试教会孩子这些技能。然而，与小朋友们一起玩耍，能给孩子们提供现实机会来进一步学习、锻炼这些技能。

▶ **促进大脑工作**。如果一直学习而不休息，大脑的效率会降低，注意力也会分散。研究表明，课间休息可不仅仅是从一间教室走到另一间教室，或是从一个科目换到另一个科目。事实上，孩子们需要玩耍，需要运动，才能保持自己对学习的专注度和参与度。

▶ **减轻压力。**美国全国幼儿教育协会（National Association for the Education of Young Children）认为，自由玩耍能够有效减轻儿童压力，促进儿童发展。课间休息能够让孩子有更多机会自由玩耍，稍稍远离学校里那些由成年人制定的规章制度。于是，他们可以自由选择游戏方案，选择他们要跟谁一起玩，参与游戏并制定自己的游戏规则。课间休息可以让他们放松、喊叫、奔跑，甚至拒绝做自己不想做的事情。课间休息给他们提供了独立玩耍和释放精力的机会，而这些在悠长的学校生活中尤为重要。

课间休息对孩子的成长有很多好处，这一点不可忽视。不但给孩子足够时间休息很重要，休息的环境和方式也很重要。接下来，我们将探讨课间休息时为孩子提供丰富游戏体验的重要性。

课间休息的玩耍方式

我听很多人讨论过，要把课间休息规划起来，设计成由成年人主导的活动时间让孩子们动起来。虽然他们的出发点很好，但孩子们真正需要的，是远离成年人的指导，自主思考，自主活动，深入他们自己想象中的世界。成年人最好不要干涉孩子们的课间活动，但可以优化孩子们的课间休息体验。

延长时间

孩子们不仅需要大量时间激活感官来保证感觉统合的健康发育，还需要时间来深度玩耍。我一次次观察到，孩子们平均需要 45 分钟来决定他们要和谁一起玩，玩什么，最终制定游戏规划。20 分钟的课间休息中，快结束时孩子们才刚弄清楚他们想和谁一起玩，因此 20 分钟的时间不足以让他们参与到能够挑战身心的游戏当中。

少立规则

我们通常认为，设定更多规矩会让孩子们遵守规则、倾听规则、表现得更好，但现实并非如此。新西兰的斯旺森小学与奥克兰大学进行了一项研究，看看如果取消课间休息中的那些规则会发生什么。结果出乎意料，校长指出，他们发现不守规则的行为显著减少，他们不再需要在课间休息时设定某个区域给孩子们缓和情绪，也不需要那么多老师在游戏区巡逻。孩子们忙着玩耍，没时间吵架。他说："孩子们积极又忙碌，还很投入。根据我的经验，孩子们不忙、不积极、不投入的时候就会吵架、欺负其他孩子、乱涂乱画或者破坏公物。"

在 TimberNook 也是如此。我们发现，规则越少，孩子们就越不容易挑战底线。孩子们非常愿意与同龄人一起在树林里玩耍，对自己的游戏体验十分专注。此外，减少由成年人主导的规则，允许孩子们帮助成年人制定规则，这样可以让他们内化规则，更容易遵守规则。

松散性材料

"松散性材料"在全世界的幼儿教育领域中都越发流行起来。20 世纪 70 年代，建筑师西蒙·尼克尔森（Simon Nicholson）首次提出了这个名词和概念。在他看来，环境中那些很容易被移动的东西会激发孩子们的创造力。

松散性材料是指那些孩子们可以用来设计、创造、移动和玩耍的材料。大块的松散性材料可能包括木板、石头、砖块、轮胎、原木、干草和旧软管。我见过孩子们用这些东西来建造堡垒，构建城市，搭建商店、陷阱或是船只等等。

小块松散性材料包括贝壳、豌豆荚、橡子、松果、透明织物或是毯子，还可能包括防水布、晾衣架、绳子和胶带。孩子们会用这些东西随意搭建，进一步完善他们想象中的游戏场景。例如，松果可能会被孩子们当作货币，橡子可能会成为食物，绳索和胶带可以用于建立一个轮滑系统，或营建一个复杂的堡垒。

课间休息刚开始的时候，大块的松散性材料，比如原木和砖头会被放在地上堆在一起。如果我们把这些东西放在箱子里收起来，孩子们可能看不见它们，也就不会用到。把这些东西放在中心位置，因为它们是创造性游戏和建造的基础。剪刀也应该放在明显的位置，可以挂在晾衣绳或低矮的树枝上。小块的松散性材料应放在大块的松散性材料附近，比如放在篮子里，或锅碗瓢盆里。你不需要对孩子解释什么，他们会自己找到这些东西的。

最好不要告诉孩子们这些松散性材料在哪儿，锻炼他们的发现能力。孩子们自己发现这些东西，然后使用这些东西。成年人只是需要后退一步，观察孩子们之间的互动，看着他们使用这些材料就好。一旦获得自由，孩子们就能创造出我们做梦也想不出的游戏计划。

切记不要一次给孩子准备太多松散性材料，这可能会造成视觉过载，最后他们反而完全不去使用这些材料。常用于建造东西的大块松散材料，比如原木、砖块和轮胎等，这些应该提供给孩子们。小块松散材料不要一次给太多，这次给这些，下次给那些，试试孩子们喜欢什么，什么样的材料更常被用到。

如果孩子用松散性材料建造了堡垒和其他大型结构，理想情况下，你可以把这些东西放上一星期。对孩子说清楚，你会一星期清理一次，这样孩子就能在下星期重新开始。然而，如果你有能长期存放那些结构的空间，那孩子的游戏计划便会变得越来越复杂。你们可以一起商量什么东西要清理，什么东西可以留下来，让孩子每星期继续发挥自己的想象力。

别怕弄脏

孩子有把自己弄得脏兮兮的自由，这是斯旺森小学和 TimberNook 之间的另一个共同点。孩子们会在泥坑里玩耍，用泥巴做蛋糕和肥皂，在泥巴做的滑梯里玩耍，然后在回教室或回家之前把自己洗干净。完成所有这些，孩子们只需要一条毛巾，换身衣服，以及换衣服的时间。

斯旺森小学的校长说，赋予孩子们玩得脏兮兮的自由是他和老师们要一起克服的最大障碍。老师们不喜欢让孩子们脏兮兮地进教室，也不喜欢花时间让孩子们换衣服。然而，一旦这种做法能运行起来，孩子们就会完全独立，就能在课间不到十分钟的时间里自己快速有效地换衣服。

通过对课间休息的几个小调整，成年人很可能会看到孩子们在学习能力、感觉统合能力和行为上的巨大变化。所有这些需要的只是时间而已，要给孩子们打造一个提高创造力和感觉统合能力的空间，别总是控制着孩子们做这做那。剩下的事情，他们自会解决。

让教室环境激发孩子的创造力

一排排椅子，贴满彩色贴画的四面墙壁，集体活动区域，还有讲台，这是标准教室的模板。然而，这样的环境对激发创造性游戏体验几乎没什么作用，而创造性游戏能让孩子们探索、创造并解决问题。为了培养这些技能，让孩子们挑战自我，需要对传统的教室设计和应用方式进行重新思考。以下方法可以让课堂环境做出些改变。

视觉上简单

华德福学校[①]最著名的举动莫过于让学生在教室里使用天然材料，比如羊毛、棉花、松果和各种织物。所有东西看起来都很吸引人，但在设计上却很简单。孩子们可以玩剪刀，玩一个简单的布娃娃或木块。课堂环境的理念在于少向孩子们灌输，着重激发孩子们的想象力，让孩子们发挥想象，赋予物体意义和生命。在课堂上只提供最基本的天然材料不仅能促使孩子们发挥想象力，还能通过保持视觉上的简单，让孩子们不会被过多的颜色或塑料制品冲击，造成视觉过载。

活动起来

孩子们学习的时候不一定非得坐着。事实上，可能压根就不需要坐

---

①华德福学校是德国企业家依米尔·默特（Emil Molt）邀请奥地利教育家鲁道夫·施泰纳（Rudolf Steiner）创办的，着重于人的三元和谐发展，即关注物质身体的同时也关注心、灵的发展。这座学校被认为是未来教育的典范。此后，凡是实践这一教育理念的学校都被称为华德福学校。——译者注

着。很多孩子进入幼儿园后，都是动手型学习者，也就是说他们一边活动，触摸其他东西，也就一边学习了。到了二年级或三年级，有些学生会变成视觉学习者。到了小学高年级，有些会变成听觉学习者。然而，许多成年人一生都会保持动手型学习的能力。动手型学习者只有在完全参与到体验过程中的时候才能学到最多东西。在做科学实验、实地考察、探索户外活动、表演、设计、跳舞或任何其他主动进行的活动中，他们获得信息的速度最快。

为了能吸引所有类型的学习者，最好能将动作融入实际学习中去。课间休息时间加长，放学后让孩子出去玩，不仅可以帮助他们发展强健的体魄和敏捷的思维，还能利用这种全身学习体验来加强学习过程。

如果孩子们在课堂上无法集中注意力，作业治疗师经常会让他们坐在弹力球或振动靠垫上。虽然很多人用这个方法让孩子集中注意力，但最近的研究表明，这样做也可能反而分散大多数孩子的注意力。因此，与其仅仅关注在课堂上融入简单的动作技巧，还不如让孩子们站起来，开展积极且有意义的学习活动。以下这些策略可以帮助你开始改变。

少坐一会儿

孩子听老师讲课，或理解某个新概念的注意力可能只能持续一小段时间，大部分只有 10 分钟或更短。你可以试着减少对孩子们的指导，然后用行动帮助他们接收新信息。例如，孩子们可以通过投球来练习新学的数学知识，或者出去散步的同时讨论某个新的概念。

经常变换

让孩子用不同的姿势学习。每隔 10 到 15 分钟，就让他们换个姿势或者换个地方，这样可以防止他们的某些关节经受持续的重力负荷和压力。例如，孩子们如果坐了 10 到 15 分钟完成写作任务，那在接下来的 10 到 15 分钟里，可以让他们站或蹲成一圈，来讨论分享他们自己写出来的东西。再接下来的几分钟里，还可以让他们趴着听个故事。

拓展学习方式

如果某个活动不需要坐在椅子上进行，那就解放身体吧。多想一想，有点儿创意。我们当然不需要坐在椅子上才能学习。实际上，期待孩子们一天到晚坐在某个固定点上是不现实的。我们来看几个例子，看看它们能不能帮你从不同方向进行思考。

▶ 写作练习可以在地板上完成。让两个孩子背靠背坐在地上，每人都在纸上写一句话，然后交换，在同伴的纸上接着往下写一句话，然后再交换，直到两张纸上都有完整的故事才结束。

▶ 艺术作品可以让孩子们站在画架前创作一幅画，也可以把画纸贴在墙上，站着画画。

▶ 数学可以通过在教室里玩运动类游戏来学习。你可以让孩子们用身体摆成几何形状，可以用加减法概念来玩跳房子游戏，还可以一边绕着圈走一边唱数字歌曲，再不然一边扔球一边唱也是个不错的想法。

站起来跳舞

如果没时间散步也不能出去探索自然，那么跳舞也是个好选择。对孩子们来说，跳舞是个既有意义又有趣的活动。跳舞可以让孩子们朝着不同方向运动，还能挑战他们的核心力量和平衡能力。所有这些对激发大脑的注意力都很重要。不用跳很难的舞蹈，就放一段音乐，要求孩子们原地跳舞，在音乐停止时必须保持自己的姿势不动，或者也可以让孩子们自己制定舞蹈规则。

你也可以在舞蹈中加入旋转或倒立来促使前庭系统发生改变。如果每天都能进行这个活动，那将改善孩子们的平衡能力、注意力和协调能力。

项目制学习

项目制学习是让孩子们探索现实世界中存在的问题和挑战，通过亲身体验获得更深层次的知识。比如，可以在教室里开一家商店，上演短剧，进行设计或科学活动，绘制真人大小的壁画或者编排舞蹈。

我用开餐厅这个具体活动举例。餐厅中，孩子们可以轮流做主人、服务员、厨师等等。来餐厅的人可以真正坐下来用餐，孩子们也可以自己缝制围裙和服装，问顾客他们想吃什么食物，自己装饰餐厅，自己做食物。这种学习体验是多面的，孩子们不仅可以行动起来参与其中，还可以感受到各个角色、各个环节需要付出的努力。如果在户外进行，那么孩子们的体验还会更好，因为风、阳光和温度的变化会同时带来多种感官体验。

在教室里增加自然元素

前文说到，仅仅看着自然景色就能安抚孩子，帮助他们改善整体情绪。而在教室里，几株绿植就可以让孩子平静下来，如果他们能自己种就更好了。另一种在室内创造自然环境的方式是放几篮子松果、橡子、栗子和几盆高大的绿植，供孩子搭建和创作。教室里如果能养几只宠物，也会给孩子提供学习如何照顾其他生物的机会，还有疗愈作用。

如果你心中想着大自然，那在教室设计上还可以更有创意。在天花板上挂个巨大的显示屏展示孩子们的作品，把大块树皮贴在墙上，在室内搞个小花园或自然编织墙。这些方式都可以让教室充满活力。带孩子们一起孵小鸡、养蝴蝶、搭个蚂蚁窝，这些活动都很有趣，能让孩子们走近自然世界。

把教室搬到户外去

孩子们学习的最好方法之一，就是把教室搬到户外去。野餐桌、一大片草地、一棵大树，甚至一条柏油路都可以是教室。户外学习提供了很多机会让孩子们冒险、解决问题、全身活动、运用想象力、克服恐惧、参与团队合作、锻炼忍耐力，还有整合新的感觉体验。

还记得本章伊始我推荐的那个数学游戏吗？就是能让孩子们动起来的那个，快去户外试一试吧。用粉笔在地上画跳房子的格子玩数字游戏，让孩子在草地上用身体摆成各种形状。

在户外，孩子们还可以写写诗歌和日记。实际上，户外环境不仅会激活他们的感觉系统，还会帮助他们集中注意力，而且他们的所见所闻还能激发自己独特的想法。如果条件允许，你还可以搞个大动作，在学校里建个菜园，种植蔬菜、照料菜园，然后用收获的蔬菜烹饪，这个过程能训练写作能力、数学能力和问题解决能力，同时也让各个感觉系统参与其中。

为了研究带孩子到户外学习的课题，我采访了杰西卡·拉西（Jessica Lahey），她是一位中学教师，也是《失败的礼物：最好的父母如何学会放手来让孩子取得成功》（*The Gift of Failure: How the Best Parents Learn to Let Go So Their Children Can Succeed*）一书的作者。她想起自己在美国新罕布什尔州克罗斯路德学院（Crossroads Academy）教中学生的日子。当时，她经常在上英语课时带着整个班级在林中小路上散步。她会给学生一个话题，让他们走上 10 分钟去思考。10 分钟后，学生们会聚在一起讨论这个话题。然后，她再抛出一个话题，学生们再边走边思考。

拉西还让学生以自然为题在户外写诗。为了练习公开演讲，她让几个孩子站在一座小桥上，桥下是奔流的河水，而其他学生则站在岸边。桥上的孩子必须得学会大声说话，这样岸边的孩子才能听见。

拉西继续解释说，城市学校的孩子也可以像乡村学校的孩子一样经常去户外活动。他们可以步行到歌剧院去看剧，或者走进公园和博物馆。孩子们可以带着素描本或笔记本，评价他们身边的环境和文化。"学习并不一定要坐在椅子上。"她说，无论学校在哪里，只要有走出传统框架的创造力，就会让学习体验丰富又印象深刻。

芬兰学校深深地启发了我。在芬兰，孩子们不是简简单单地从教科书或讲座中学习什么是"鱼"，而是会花时间在齐膝深的小溪里观察小鱼慢慢游过脚面，还会了解鱼类的整体生存情况，了解鱼吃的东西，还有小溪的其他生物等等。然后，他们解剖了鱼。我看过一个讲芬兰教育的视频：一个小男孩在大鱼肚子里发现了一条小鱼。所有的孩子都挤到他身边去仔细看。通过亲身体验，他们了解到鱼的确会吃其他鱼。

芬兰的体育课也是在户外进行，但与现在很多美国学校的体育课不同。在另一个视频中，孩子们正准备去越野滑雪。十几岁的孩子自己走了大概 1 小时，很熟悉滑雪路线，并不需要成年人陪伴。

森林幼儿园如今风靡一时。森林幼儿园就是一座没有墙壁和天花板的学校，不管天气如何，孩子们和工作人员大部分时间都在室外活动。我们鼓励孩子们在自然环境中玩耍、探索和学习。森林幼儿园的老师们对这些活动的好处赞不绝口，他们能看到孩子们创造力逐渐增强，参与度提升，社交技能加强，解决问题的能力也提高了。在这些学校，学生们在自由玩耍时会参加体育活动，这些体育活动有助于提高他们的阅读能力、数学成绩和整体智力。

森林幼儿园如雨后春笋般出现，因为人们开始看到让孩子们花大部分时间在户外学习的好处。受这种教育模式的启发，美国佛蒙特州的一位教师找到她的校长，提议设立一个"森林星期一"活动。换句话说，她建议每星期一，无论晴雨，她都要带孩子们在户外树林里学习一整天。让她很吃惊的是，校长居然同意了，说："你去试试吧。"

现在，老师和孩子们每周都会去一次学校附近的树林，在那里建造了一个配有堡垒和火坑的房子，同时，他们还会学习正式和非正式的课程。孩子们会学习用树枝在泥地里写字，还会用尺子测量自然界的东西来练习数学能力。不仅孩子们和在教室里学得一样好，老师们也表示他们不仅正在学习基本的生活技能，还在培养"惊人的勇气"。

年龄大一点儿的孩子也需要在户外活动。可以将户外活动纳入课程中，无论是每星期花上一天在户外活动，还是每天花点儿时间在户外活动，都可以。户外活动的经历会给孩子们的教育体验带来一片崭新的天地。

对教师来说，将户外活动纳入课程体系之中可能只是每星期进行一次实地考察，如果学校附近没有树林一类的地方，便每个月进行一次。虽然理想状况下，孩子们应该走去学校旁边的树林、绿地或田野，在里面探索玩耍。例如，如果学校后面有一条小河，可以让孩子们观察能看到些什么，能听到些什么，能闻到些什么；如果有一块日照充足的田野，那就开成菜田。观察周围的环境，寻找灵感，看看有什么地方可以让孩子们去探索，以增加学习体验。

搭建户外日托环境

自由玩耍和运动的好处在幼儿身上更为凸显。与在室内玩耍的孩子相比，在户外玩耍的孩子在能力发展上获得的益处更多：他们更有创造力，知道如何更有效地梳理情绪，更频繁地使用想象力展开游戏，更愿意和朋友一起朝着一个目标努力，还能创建自己的规则，没有成年人的安慰也能解决问题。

有一家日托班的老师接受了 TimberNook 的培训，增加了孩子们在户外玩耍的时间。他注意到，在这些孩子身上发生了很大的变化，而发生这些变化不过只用了一星期时间而已。一位老师说："我们在树林里观察到的创造力、解决问题的能力、处理同伴冲突、沟通、运动、冒险、平静和谐地玩耍，以及很多神奇的事情都很难用言语描述。孩子们在这一星期内的成长，比我们之前几个月看到的还要多。"这些改变对他们的启发很大，他们开始定期带孩子们到户外活动，让他们去冒险，花更多时间在户外玩耍。

幼儿对信息的处理方式与大孩子不同，他们处理信息的效率较低，难以持续专注。因此，许多研究人员认为，年龄较小的孩子的思维方式更以功能为基础，这样的思维方式最适合自由玩耍的环境。接下来，我们将讨论你该如何搭建一个以游戏为中心的户外日托环境。

大部分时间都在户外

让孩子上日托班会给孩子们带来压力。研究表明，虽然上日托班可以提升孩子们的阅读水平和数学成绩，但它通常会对孩子的社会行为产生负面影响，可能导致孩子攻击他人、顶嘴、内心冷酷及情绪阴晴不定。这些问题是由于日托班的压力导致了皮质醇水平过高，并随着时间流逝不断累积。为了解决这个问题，其中一个办法就是把孩子们带到户外去。

就像前文提到的那样，孩子们在户外玩耍可以锻炼免疫系统，发展感觉统合能力，加强运动技能，激发创造力和想象力，培养社交情感技能，还能培养学习所需的基础能力。每天在户外待上几小时之后，孩子们变得更坚韧、更有耐心、更独立，比同龄人更冷静、更自信。

不同年龄的孩子一起玩

在狩猎采集文化中，孩子们经常互相照顾，通常由年龄较大的孩子负责照顾婴儿和年龄较小的孩子。无论多大年龄的孩子，都能在一起玩耍的过程中受益。

年幼的孩子可以通过参与那些对他们来讲过于复杂、过于困难、也过于危险的活动来学习，无论是他们自己做，还是与同龄人一起。而且，仅仅观察大孩子玩那些更复杂的游戏，他们就能学到东西，还能在其中得到与同龄人玩耍时无法得到的情感支持、理解和照顾。同时，他们还能更快地培养起独立性，培养坚韧不拔的品质和自信心。

从另一方面来看，大孩子要学习如何培养自己的领导力和照顾他人的能力。他们可以在与小孩子互动的过程中体验"当大人"的感受。他们还能通过向小孩子解释事物来加深对概念的理解。此外，小孩子通常会激励大孩子玩一些更有创造性和想象力的游戏，如果大孩子自己可能

并不会玩这些游戏。因此，对所有不同年龄段的孩子来说，一起玩对彼
此都有益处。

让自然环境成为游戏灵感

利用户外环境作为游戏灵感会增强孩子的创造力，也能带来疗愈效
果。要想改进日托环境，一个很简单的方法就是在环境中增加水、泥土和
火这些元素。孩子们可以用手动井泵取水，或把游戏区域设定在小溪边，
有了水和泥土，孩子们将会打开新世界的大门。他们可能会在小桶里装满
泥土，用泥巴做馅饼，脱下鞋子踩进河底的淤泥，感受脚趾间的滑腻，甚
至在小溪里寻找小动物。他们也可能会造一条小船，在小河里建造水坝，
或是和朋友们一起搭起一座小桥。游戏有无限的可能性。对孩子们来说，
一起点火也可以带来丰富的游戏体验。他们可以在篝火上烤爆米花，学习
如何安全用火，如何充满乐趣地准备食物、烹饪食物。

提供松散性材料

对于以游戏为基础的日托中心来说，孩子们可以携带、玩耍及用来建
造的材料十分重要，尤其对于户外活动而言。松散性材料没有固定的使用
方法，可以让孩子们花上好几小时自己想象，随意发挥灵感。请参见前
文，了解如何安全地将松散性材料融入户外玩耍场地之中。

鼓励冒险

前文我们探讨过，冒险过程中孩子们会发展自身力量，培养协调能力、适应力，还能培养解决问题的能力和信心。如果我们永远不让他们冒险，他们就学不会下一个发展阶段所需的运动技能。我们不必让他们冒太大的风险，只是要成年人后退一步，尽可能让孩子们自己学着评估风险。让孩子爬上树桩然后跳下去，让孩子骑着自行车穿过泥坑，让他们尝试将木板钉在一起。通过实践练习，他们会学会如何获得新的生活技能。

理念总结

自由玩耍的机会对儿童的健康发展、培养他们对学习的终身热爱至关重要。因此，为了能够让孩子们在白天花更多的时间玩耍、运动，我们必须重新思考目前的教育模式。如果像现在这样长时间坐在书桌前，孩子们就无法充分发挥自己的潜能。反之，如果我们每天都给他们时间去户外玩耍，将他们的感觉系统发展和学习活动置于亲身参与的游戏当中，他们会成长很快。只要父母做一些简单的改变，比如不怕他们弄脏自己，给他们点儿便宜的松散性材料，自由玩耍中成年人少参与……只要这些简单的改变，久而久之，孩子们的行为和学习能力可能会产生重大且深远的变化。

第 8 章

1 岁之前怎样在户外玩耍

**BALANCED
AND
BAREFOOT**

　　孩子每天都需要挑战身体机能的机会。在刚出生的那几年，孩子会快速在各种感觉之间建立神经连接，并创造出这些连接的意义来帮助自己理解周围世界。所以，不要等到孩子长大以后再带他去探索冒险。让孩子早点儿自己动手，他就会主动寻求感觉输入和能力锻炼，让自己掌握必要的人生技能。

　　一天，我接到一个电话。打电话来的是个对特殊儿童父母提供帮助的非营利组织。"我们可太喜欢你们在 TimberNook 的活动了！"电话那头的男士说。他想每个月在 TimberNook 给他小组里的父母开会，问我是否可以来参观，还问了是否有室内场地可以用来开会。我解释说，我们的全部"场地"就是外面的树林，除了家里住的房子之外，没有任何其他场地。不过我还是邀请他们来参观了。

　　参观当天，有两位男士穿着半正装来到现场，我们走进树林，只不过树林可不是什么适合西装领带的地方。看完户外教室后，我们又走了好久，才走回房子和停车场这边。

　　"我能去您家里看看吗？"其中一位男士问。我迟疑了一下，说道："也行，不过您为什么想去我家里看看呢？""是这样，树林很好，但有些父母会带小婴儿来开会。父母总不可能把小婴儿放地上吧，所以我想问问我们能不能在您家开会。"他解释道。我说："当然可以把小婴儿放在地上啊！"户外自然界会给孩子，包括婴儿，提供促进感觉系统发育的理想环境。孩子们越早接触户外活动，就越有可能避免第 1 章中讨论过的很多问题，即使是新生儿也能从户外活动中大受裨益。孩子在大自然中的活动经历不仅能为以后的生活和学习奠定坚实基础，还可以加强与父母之间的情感纽带，创造恒久记忆。

本章中，我们将了解如何把 12 个月以内的婴儿带到自然中去，还会探讨经常去户外活动会对婴幼儿带来什么好处。同时，本章也会向大家介绍如何让婴幼儿远离伤害。

在树林里爬行并不会对婴幼儿造成伤害。实际上，这对他们大有裨益。鉴于那两位男士对把孩子放在地上持保留意见，我对他们也是这样讲的。我还对他们解释说，在户外举行会议可以消除人们的误解，让他们了解，成年人并不应该以保护为名阻止婴幼儿接触户外环境。而最重要的是，在户外开会将为父母提供很好的机会来观察婴幼儿如何探索自然，看到他们如何亲身融入自然环境，如何每星期掌握一个新技能，体验不同的感受。

这个组织的父母们最终还是在户外开了会。对他们来说，亲眼看到孩子们在户外环境中得到滋养，远比在室内谈论自然对儿童早期发展的重要性要有力得多。即使是小孩子也能体验到大自然的乐趣，得到感觉系统的激活。所以别犹豫了，今天就带孩子出去吧！接下来，我将介绍应如何充分利用户外时间让孩子玩耍。

0~6 个月婴儿也有"地面时间"

刚来到这个世界上的新生儿柔软又脆弱，却又有着巨大潜力去适应周围环境中的感官体验。他们已经具备了大部分神经元，所有器官都完好无缺，而且也已经长好了骨骼、肌肉和韧带。因此，为了能够挪动手脚有效了解世界，婴儿需要频繁进入丰富多样但不会过载的环境之中。大自然就是这样的环境。它能为婴儿提供一个"恰到好处"的成长环境，宁静平和的同时，又能激发各种感觉系统，使其不断适应、发展为更成熟的系统。

如何带婴儿在户外散步

户外散步对婴儿大有裨益，无论在哪个方面都是如此。散步可以让他们脱离婴儿设备的限制，激发感官活力，还能让他们以新的方式，自由地伸展和挑战自己的身体。

把婴儿从育儿设备里抱出来

无论在工作中还是在生活中，我都会提到"万事有度"。我发现在眼花缭乱的育儿设备的使用上，这点也十分适用。很多父母都觉得育儿设备实在太好用了，我当然也不例外。我很喜欢用婴儿车和婴儿背具，这两种设备能满足外出郊游的大部分需求。

近年来的育儿设备设计得相当好，有铃声和哨子，也会让小婴儿觉得很舒适，更方便父母完成工作。但如果一直把小婴儿放在这些设备里就会出现问题，这种现象在今天已经频繁发生了。这些设备会影响小婴儿的活动模式，改变其受到的压力的类型和频率，进而影响发育。如果父母一天到晚都让小婴儿待在婴儿设备里，可能会推迟孩子的重要发育节点，更严重的还会造成永久损伤，比如改变髋关节的形状，或导致行走模式的改变。

新生儿的身体柔软又有韧性，骨骼、肌肉还没有完全形成，其活动的方式和频率会改变身体受到的负荷，会影响骨骼形状和肌肉发育。如"偏头"就是由于孩子在婴儿设备中躺了太长时间，后脑形成一个倾斜扁平的面，看起来不对称了。除了头部之外，身体的其他部分也会出现骨骼对环境的适应情况。过度使用育儿设备还会阻碍肌肉发育，而激活肌肉功能是提升身体素质、形成强大体魄的必要条件。

刺激感觉系统发育

带小婴儿到户外去，照护者把小婴儿从一只手换到另一只手时，小婴儿会经历重力变化，这不仅会迫使他的肌肉和骨骼为了适应而变得更强壮，也会刺激运动能力和位置感觉。如果你一边走一边把他换手抱，他内耳的液体就会被牵动，对前庭感觉产生刺激。前文讲过，肌肉越用越强壮，感官也一样，受到的刺激越多，发展得越高效。如果你一边抱他一边变换位置，就会带给他大量有效的前庭输入。

你抱着小婴儿走来走去的同时，也给了他用小手小脚推你的机会，给他的关节和肌肉提供感官刺激。这有助于安抚他，并为他最终能自己掌握运动的力量和方向奠定基础，也对发展有效的运动技能至关重要。

小婴儿学会的第一件事情就是抬头和控制眼部肌肉。竖着抱起他靠在自己肩上，让他有机会练习在你走动的过程中保持眼睛和脖颈稳定。这样抱他抱得越多，他练习的机会就越多，就越有机会掌握如何整合眼部肌肉、内耳运动、重力感觉及颈部肌肉感觉，从而描绘出周围世界的清晰画面。这种对感觉的整合在人类生存中扮演着非常重要的角色，对发展未来所需的观察能力、听力技能和基本头眼控制能力也至关重要。在接下来的几年里，这些能力将继续增强，为掌握更复杂的技能奠定基础，比如阅读能力和平衡能力。

如果总把小婴儿放在能完全支撑头颈的婴儿设备里，颈部和眼部肌肉的重要统合和运动感觉都不会发生，这会导致婴儿感觉混乱，无法获得对空间的足够感知。因此，把小婴儿带到户外，迫使他练习抬头，会从一开始就给他足够的运动反馈。

让户外活动激活感觉系统

带着小婴儿去户外活动，让他脸朝外被抱着进入花园，他感受到运动和位移，他的小手小脚压在你身上，他看到花朵的形状，他听到鸟儿叽叽喳喳的声音，他闻到花朵甜蜜的气味。小婴儿开始在这些感觉之间创造联系，让周围世界建立有意义的联结。

出生时，小婴儿的视力还没发育完全，而大自然为他提供了一系列视觉刺激，让他观察，却不会造成视觉系统过载。他盯着一朵花或是一片树叶时，学会了如何控制眼睛，不让视线交叉。他还可以练习跟踪移动的物体，比如在附近飞舞的蝴蝶，或者一只正爬上蚁丘的超大蚂蚁。

大自然的声音充满韵律，让人宁静，比如海浪的冲击声；大自然的声音也可以让人警觉，比如雄鹰或者渔貂的叫声。大自然的声音还可以帮助孩子让身体适应周围环境，因为他能听到各种不同频率、不同距离的声音。这些变化帮助他建立了强烈的空间意识。如果有声音，小婴儿会回头寻找源头，也可能会微笑或是哭泣。对声音的反应为语言发展奠定基石。

风吹在脸上，温暖的感觉或变幻的温度，不同的气味甚至味道，都是孩子在户外经常接触到的感官刺激，能为感觉系统的健康发育奠定基础。如果无法肆意地到户外活动，孩子一次接收到的感官输入就会受到限制。

对正在发育的小婴儿来说，大自然真的提供了一整套感官输入体系。试试下面这个小练习：假装你是个婴儿。你现在正坐在婴儿车里，看着你的看护者在家里叠衣服，在屋子里走来走去，听着她哼歌，还能闻到熟悉的气味，甚至能感觉到自己的小手或小脚偶尔动了一下。

现在切换一下场景，想象你正在户外，你的看护者抱着你在晾衣服。她从一边走到另一边，这让你不得不调整姿态，身体不同部位的压力迫使你使用新的肌肉，每次都能让你体验新的运动方式和位置感觉。你注意到一只鸟飞过，于是用眼睛跟着它看。精力充沛的小狗跑过来，从草地上叼起一个咀嚼棒，在成功吸引了你的注意力之后，跑到左边去了。你听到鸟儿在远处啁啾，但你的看护者正轻轻柔柔地说着什么，你的注意力依然落在她身上，感受着声波的震动。和暖的阳光洒在你身上，让你感觉到温暖，甚至还有温和的微风拂过你柔嫩的肌肤。洗衣粉的味道飘过来，与刚割完的草坪的味道形成鲜明对比。你依偎在看护者的怀里，感到非常舒适，无比心安。

在这两个场景中，孩子会受到不同的刺激，而户外活动会给每个感觉系统同时提供多种感觉。接收更多感觉可以迫使感官感受器逐渐适应周围环境，促使感觉系统发育得更加协调。调整自己适应环境是智力发育的初级阶段。婴幼儿期丰富多样的感官运动体验发展到最后，就会形成学业上所需的各种能力。

户外活动能让小婴儿平静下来

大自然不仅能刺激和挑战感官，还能让感官不断适应环境，发育成更复杂的系统，这一过程中不但不会造成感官过载，反而会让小婴儿保持宁静平和的状态。医生让你把肠绞痛的婴儿抱到户外去是有充分依据的，因为这会让他身处平和环境之中。北欧国家的父母已经了解到这点。多年来，他们一直把小婴儿放在婴儿车里推到户外睡觉，无论冬夏，就算天气恶劣也是如此。

瑞典的日托中心甚至会让小婴儿在最寒冷的户外睡觉。一位老师对英国广播公司记者说，如果气温降到零下 13 摄氏度以下，他们会在婴儿车上盖条毯子来保护婴儿，但大多数情况下，小婴儿会待在户外。人们经常能看到一排排婴儿车放在雪地里，里面是正在午睡的小婴儿。瑞典人这样做是为了促进孩子健康发育，体魄强健，减少孩子接触流感和细菌的机会，因为流感和细菌通常会在室内传播。

芬兰政府也特别推荐父母带孩子到户外去，会为新手父母提供育儿指南，敦促他们用婴儿车把小婴儿带到户外小睡，即便是在零下十七八摄氏度，即便小婴儿出生还不到一个月，依然如此。芬兰人认为，小婴儿在户外的新鲜空气里会比在室内卧室里睡得好；同时认为婴儿在户外睡觉没有危险，只要根据温度增减衣物即可。大部分北欧地区的幼儿园和日托中心给孩子足够的时间待在户外，无论醒着还是睡着。

大部分人的育儿理念都会受到文化的约束。我们看着身边人都怎么养孩子，然后就跟着做，这很容易让我们自以为在促进孩子的健康发展。我们也很容易被杂志和报纸上讲最佳育儿理念的最新文章所吸引。然而，为了充分发展孩子的潜力，我们最好能拓宽视野，从不同文化中汲取最佳实践和研究，才能确定什么才是培养强壮健康的孩子的最佳方法。有时，这需要开放的心态，愿意在国内外寻找正确答案。

户外的"地面时间"

让小婴儿每天花大量时间在地面上活动对核心肌肉和上下肢发育非常重要。小婴儿双手双脚撑着地面时，就会与重力对抗，开始控制体态，然后发育出强大的本体感觉。这些都为将来大肌肉运动技能和精细运动技能的发展奠定了基础。把小婴儿放在户外的地面上，无论是毯子还是草地，都能极大增强他的感官体验。

仰卧也好趴着也好，在地面上，婴儿能够自由活动手臂和腿，与周围世界互动。他伸手触摸草叶，草叶拂过手指，让敏感的小手感到刺痛；他也可以抓起面前的泥土，感受到指间细密的土壤。这些感受会发展和完善双手双脚及其他与自然接触的身体部位的触觉。

婴儿趴在地上，转头看虫子，看小鸟飞过，都会促使其进一步发展对颈部和眼部肌肉的控制，而这两点都是发展视听技能所必需的。其实，我们并不需要特意帮婴儿建立感官体验，大自然本身就已经提供了丰富的素材。柔和微风，草叶摇摆，绿树成荫，阳光和暖，再加上自然中那些新鲜的声音，还有爬来爬去的小虫子，都会带来感官刺激，吸引婴儿的注意力，让他与之互动起来，建立联系，形成记忆。每互动一次，婴儿便会适应自然一分，便会从中学习经验，促进感官和运动技能的发展。

带小婴儿出门的办法

总的来说，在户外花时间有助于婴儿的健康幸福成长，能帮助他们发育出强壮的骨骼和肌肉，能让他们冷静下来，统合感觉系统，为情绪调节和更复杂的神经及运动技能奠定基础。接下来，我们看看有哪些方法能把小婴儿带到户外去。

▶ **直接带出去。** 定期把小婴儿抱到户外去，尤其在他醒着的时候，婴儿设备留到他睡着了再用，这可以让你和他进行密切的亲子互动，而亲子互动对他来说很重要。这样，他可以与你建立强联系，学习如何管理情绪。同时，抱着小婴儿出门时，你可以一边走一边换姿势，这会让他形成健康的动感和重力感。

▶ **让他趴在户外地上。** 别害怕让小婴儿趴在户外的草地上，尤其在他能长时间抬头之后。趴在草地上能给他提供非常棒的感官体验。外面有这么丰富的东西，他会更有动力用小胳膊撑着地面，观察周围的世界。

▶ **触摸新事物。**如果小婴儿仰卧着或趴着，他很可能会用手、脚或嘴来探索周围的环境，这便是触觉开始发育的表现。此外，抱着小婴儿走路时，尽量走到树和植物边上去，让他用软嫩的小手摸摸粗糙的树皮，抓一抓树叶，拍打一朵小花。如果路过一小片水，就让他的小脚沾一沾，感受一下湿润和冰凉的流水，也可以让他踩踩脚，溅起水花来。

▶ **在户外小睡一会儿。**让小婴儿在户外小睡一会儿，就像那些北欧家庭一样。室外有更新鲜的空气，他也会睡得更久。一位美国母亲告诉我，她决定听从瑞典阿姨的建议，把小婴儿放在外面午睡。他睡得很香，比之前还多睡了 1 小时。不过，一定记得给他穿上薄厚合适的衣服。

▶ **在室外吃东西。**无论小婴儿是喝母乳还是奶粉，都可以在室外进行。你不必在室内找地方喂奶。而且，小婴儿会享受大自然提供的宁静之感，在吃奶时也保持宁静。

▶ **增加户外活动总时长。**你和小婴儿在户外待的时间越长越好。让他享受新鲜的空气、和暖的阳光，让他观察周围的景象，听听捏碎干枯落叶发出的声音，感受微风轻抚他的皮肤，感受寒冷的清晨冷空气钻进他的鼻子。新旧感觉混在一起可以创造新的体验、新的记忆，带来新的挑战。在户外，感觉系统和神经系统发育的机会无穷无尽，大自然为小婴儿探索新技能、获得新技能提供了最佳感官体验。

7~12 个月婴儿可以户外冒险了

大一点儿的婴儿会用新的方式体验运动的快感。对 7~12 个月大的婴儿来说，不同的运动体验尤其重要，能帮助他掌握身体意识，习得新的感觉经验和运动技能。他开始享受更耗体力的运动，比如被扔到空中，骑在看护者背上，被举起来转圈，在父母怀里跳舞……用手和膝盖爬行整合了许多感觉，能让婴儿觉得自己足够独立，可以自己去探索周围的世界。

在大自然中自由活动会给能爬能走的婴儿带来更大挑战。与大多数室内大面积的光滑表面不同，在户外爬行能给他提供丰富多样的感官体验，进一步增强感觉统合能力。

在户外玩耍能培养婴儿的能力

对于发育阶段的婴儿来说，在户外玩耍必不可少。婴儿通过大量全身运动，才开始发展运动和感觉意识，从而建立空间意识。婴儿在户外摆弄一些小玩意儿，比如橡子和草叶，可以学习如何使用手掌和手指；在室外并不平坦的地面上爬行，婴儿开始发展平衡能力、稳定性和协调能力。A. 琼·爱丽丝博士写道："玩耍能促进能力发展。这些能力可能并不会马上用到，可能得等到孩子长大以后才能用到，但如果他小时候没能进行有效玩耍，便不会发展出这样的能力。"

凹凸不平的地面

户外地面既不平坦也不光滑，有的硬有的软，有的不硬不软，有的冷有的暖，有的湿有的干，还有的坑坑洼洼。这些变化都能对婴儿的感觉系统产生挑战，让他调整自己适应环境。他需要适应的地方越多，感觉系统就会越完善。与此同时，不同的触觉和温度，也增加了他对这些体验的耐受性。

我们再做一个练习。假设你才 11 个月大，现在正在户外爬行。想象一下，你从一条相对平坦的土路开始爬，你的哥哥在附近玩，他吸引了你的注意力，于是你开始朝他爬过去。你穿了裤子，但可以透过裤子的布料感受到地面的硬度。你爬行时，鹅卵石和紧实的泥土会对手掌产生推力。这是非常好的触觉反馈，你开始区分比较大的鹅卵石和比较小的泥土颗粒。终于，你爬到了草地上。你一接触到更柔软的地面，便会立刻感觉到手和膝盖上的压力减轻了。然后，你开始爬下缓坡，这个过程会让你的肌肉和感知方向的感觉系统适应环境。

这个缓坡比你日常习惯爬行的地面更陡，你暂时失去了平衡感，趴在地上，上衣被蹭到胸口上去了，所以你能感觉到柔软的草叶弄得肚皮发痒。你下定决心要去找正在爬树的哥哥，于是又开始在这个崎岖不平的地面上继续爬行。手上不断变化的压力锻炼了手部力量，而这是发展更精确的精细运动技能的关键。在你爬行过程中，和暖的阳光晒在你的背上，微风又带来那么一丝清凉。你终于爬到更阴凉的地方，几棵树在头顶隐约可见。你抬头看其中一棵时，不小心摔倒了，侧身躺在地上。你不断跌倒，不断调整身体，再不断爬起来。这帮助你发育出良好的空间意识，进一步提高你精确操纵环境的能力。终于，你爬到了哥哥所在的地方。

地面很软，铺满蓬松的松针。你爬到哥哥坐着的那棵大橡树前，大树高高耸立。你把重心转移到屁股和腿上，这样就能伸手抓住坚硬、粗糙的树皮。你用两只手抓住这棵大树，用力站起来。你一边抬头看着哥哥，一边努力保持平衡。他低头看着你，喊你的名字，你便对哥哥微笑，此时树皮的味道一直飘散在空气中。于是你与环境建立了某种连接，形成了一段记忆。

不断变化的环境会提供不同的感觉体验，而婴儿在这样的环境中活动，在凹凸不平的地上爬行的体验越多，在移动和调节感觉方面就越精准，越游刃有余。身体不同部位承受的重力和负荷的变化会让肌肉和骨骼变得更强壮，还让关节和肌肉得到了更多锻炼，让它们更有能力参与执行长距离的有效运动。变换方向也会对内耳产生巨大刺激，促进平衡系统的发育。婴儿动得越多，跌倒的次数越多，能体验到的感觉就越多，能掌握的新运动技能也就越多，就越有能力统合组织自己的感觉。最终，他会发育成一个强壮的孩子，能熟练运用各种技能。

促进语言和记忆力

户外玩耍能提供有意义的体验，为语言的发展和记忆的形成奠定基础。丰富崭新的感觉组合，有助于在体验和体验所产生的意义之间建立强烈联系。由于自然提供了多感官体验，它能产生更多反馈，让大脑对特定物体或情况进行更高级的处理。

比如，婴儿伸手去触摸羊驼身上柔软的皮毛时，也在处理农场强烈的气味，处理羊驼贴过来的感受，还有羊驼软绵绵的叫声。所有这些感觉都能帮助他充分处理这种体验，并在他模仿羊驼叫声时提供语言支持。这些体验彼此之间形成了某种联系，于是他很可能会记得这段经历。下次他再看见羊驼的时候，很可能就会发出软绵绵的羊驼叫声。

带大一点儿的婴幼儿出门的办法

自然对感觉系统的重要性就如同营养对健康的重要性一样。我们需要花时间在大自然中了解周围世界，促进感觉运动系统的发育与完善，而完善的感觉运动系统能为所有学习技能奠定坚实基础。因此，孩子还是个小婴儿时就应该出门去户外，那么如何带大一点儿的婴幼儿出门去呢？以下是一些想法和建议。

▶ **一直带出门。** 出门散步时，尽量把婴幼儿竖着抱。这样，他会尽可能多地承担自己的体重，当他转身看向什么的时候，就会扭动身体，而且，你要让他在你怀里自由移动。他的小身体压在你身上，会促使他组织自己的感觉，有助于肌肉和关节的发育，最终提高他自己的身体意识。此外，抓着你这个动作，能加强婴幼儿手臂和核心肌肉的发育。只有这些肌肉稳定发育，才能支持更高层级的感觉组织，比如调节情绪，调节大脑皮层的兴奋状态，平稳有效地协调肢体动作，还能发育出良好的空间意识。

▶ **去院子里探索**。婴幼儿并不需要很大的活动空间，只要一片草地就足够了。允许他爬到石头上，在草地上打滚，拉起草叶，爬到低矮的树枝下或外面的角落和缝隙里。这些体验都能帮助他练习运动技能，还能让他学会认识自己的身体，了解周围的空间。

▶ **在泥坑里玩耍**。感官箱是早教圈的热门玩具。感官箱是个容器，里面装满了能带来某种触觉感受的东西，比如大米、豆子、沙子或水。婴幼儿在感官箱前，用手摆弄这些东西，获得感官体验。但这很耗时，成本又高，占空间，还容易把里面的东西弄得到处都是。让婴幼儿去户外的泥坑里玩耍吧，这种体验自由又自然，还不用清洁房间，只要给他洗个澡就可以了。他在泥坑里玩耍时，可以完全沉浸在这个迷人又有意义的体验之中。再有些阳光、小雨、微风和自然界的声音，他获得的感官体验是任何感官箱都无法比拟的。

▶ **在雨里玩耍**。与前两条一样，让婴幼儿在雨中玩耍吧。要确保天气够暖和，这样他才不会着凉。让他感受到温暖轻柔的雨水轻轻落在他的小胳膊上，落在额头上。把他放在水坑边（不是水坑里），让他来决定是否要踩进去。拿几个能漂在水面上的东西给他观察，或者他想拿起来也可以。这是一种全身体验，可以让婴幼儿以一种有意义的方式来探索湿润这种触感。

▶ **去海滩。** 海滩能为婴幼儿提供一系列感官感受。让他在坑坑洼洼却很柔软的沙滩上四处爬爬，用四肢感受接触沙子的感觉。海洋的气味，海浪拍岸的声音，还有海鸟的叫声，都会让他在探索周围环境时处于警觉却平静的状态。再给他几个大小不同的容器，这样他就可以装沙子和水。

▶ **去公园野餐。** 如果你家周围没有太多自然景观，那白天就去公园吧。带一顿午餐，再带点零食和水，这样就能多待一段时间。带婴幼儿去的话，州立公园和国家公园都很不错。这些公园大部分维护得很好，也很干净。把婴幼儿放在草地上，让他四处逛逛，探索一下。同时，把婴幼儿带到公园也可以让他接触一些家附近看不到的新景象和听不到的新声音。

怎样做"可以"，怎样做"真的不行"

前文中讲到过，如果你总是跟孩子讲这也不行，那也不行，就会阻碍他们获得丰富的感官体验，导致感觉系统发育不健康。对幼儿也是如此。他每天都需要挑战身体机能和冒险的机会，比如捡树枝、在坑洼不平的地面上爬，或者从台阶上跳下来，这样才能调动身体功能，理解周围世界。

A. 琼·爱丽丝博士把这称作孩子的"内在动力"。在她看来，每个孩子都有巨大的内在动力来促进感觉统合发育。如果让婴儿自己做主，他会主动寻求感官输入，好让自己能掌握某种技能。例如，大一点儿的孩子可能会找一块石头一遍又一遍地爬上爬下，一直爬到他能迅速有效地做到这一点。一旦他掌握了这个技能，就可能会尝试发展下个阶段的技能，例如坐在石头上，站在石头上，或者倒着爬到石头上。作为父母，我们的工作是支持孩子不断增长的独立性，满足他们不断增加的活动需求。在孩子需要你的时候出现，即使一句话不说，你的陪伴和微笑就能鼓励他尝试新事物，有足够的信心去冒险。

与此同时，如果婴儿自己爬不上去，就别把他放在那么高的地方。小婴儿可能还没发育出足够的力量和身体意识来有效处理身在高处的情况。如果太早将他置身于这种情况下，可能会让他摔倒，让他觉得挫败。所以，跟着孩子的脚步走，他会告诉你什么是他已经准备好做的，什么是他还没准备好做的。

读到这里，你可能已经意识到，让婴幼儿到户外玩耍探索有很多好处。但是，可能还会有人因为某些之前的担忧不想让孩子出门，比如户外长着有毒的植物，有咬人的虫子，还可能会有其他伤害存在。其实，与家庭中存在的危险相比，自然中存在的那些危险可算是小巫见大巫了。在家里，厨柜里可能就放着有毒物质，婴幼儿伸伸手就能够到的地方放着锋利的刀具，这些都是家庭中存在的致命危险。然而，我们不会因为知道家里有这些危险就不回家，只是采取某些安全措施而已，比如给厨柜加上儿童安全锁，把锋利的刀具放在孩子够不到的地方等等。

其实在户外也一样。如果我们能提前知道哪些东西有害并采取适当防护措施，孩子们就能更好地度过户外的自然时光。在第 5 章中，我已经给出了很多常识性的安全建议，但在这里，我还想重申其中最常见的 3 个安全建议。

▶ **小伤。**10 个月大的婴儿还无法理解淤青或者破皮这类概念，但碰伤或刺痛是真实的，还能让他对周围环境有更全面的了解。婴儿会从中得到宝贵的教训，比如因果关系：如果碰那丛多刺的灌木，就会被刺痛。这样，下次他遇见类似的植物时，很可能就不会碰了。这些小伤会教给他如何调节恐惧和沮丧这类情绪，如何忍受痛苦的感觉。

▶ **把自己弄得脏兮兮。**你如果看到婴儿浑身是土，头发上满是树叶，不要因为他把自己弄得脏兮兮的而责骂他。孩子通过把自己弄脏或者把东西弄乱刺激触觉的发育和完善。孩子在玩耍时把自己弄得脏一点儿能够促进免疫系统发育，为预防哮喘和过敏建立宝贵屏障。

▶ **吃点儿泥土**。孩子会把户外的东西塞进嘴里。吃点泥土、沙子或草叶并不会对他造成伤害。事实上，与把家里的乳液、清洁剂或其他东西塞进嘴里相比，户外的东西伤害性更小。小婴儿更愿意咬东西，他需要用口腔了解物品的大小、质地、温度和味道。把一点儿泥土塞进嘴里能让他了解自然环境，接触细菌也能改善他的免疫系统。

然而，如果你的孩子已经会爬了，一定要留意垃圾、动物粪便、虫子、不明植物和石块，这些东西一定不能让他吃。

理念总结

BALANCED AND BAREFOOT

婴儿期的时光稍纵即逝。其实，1岁以前是带到户外最关键的时段之一，这与大多数人的印象并不一样。带孩子一起去户外吧，让他去探索周围的环境。有了户外玩耍的时间和体验，孩子的感觉系统和运动系统将蓬勃发展，为迎接生活和学习上的挑战奠定坚实的基础。

BALANCED AND BAREFOOT

第 9 章

如何在户外玩创造性游戏

**BALANCED
AND
BAREFOOT**

　　孩子需要感到无聊，因为他要无聊上一段时间才会找到新视角观察事物，无聊会迫使孩子想出更复杂的游戏。我们要让孩子做白日梦，只要给他足够的时间安静思考想玩什么，他便会想出非常有创意的点子。所以多给孩子一些无聊时间和白日梦时间吧，他会自己安排有趣的活动来对抗他的无聊之感。

　　我两个女儿有一天又互相看不顺眼了。"你停下！"一个大吼。"你才该停下！"另一个吼回来。她们俩坐在秋千上，小女儿挑衅地一遍又一遍地哼着一个曲子，大女儿显然很激动，用手堵着耳朵大声抱怨。她们俩吵了一会儿，吵到最后，大女儿走过来问我："我能请朋友来家里玩一天吗？"

　　可是，在当时的情况下，她们请朋友来家里玩，朋友也不能马上就到。于是我说："你俩骑车去约翰逊家，看看他家的男孩们想不想跟你们一起玩，怎么样？"从我家骑车到约翰逊家，大概需要 5 分钟，两个女孩得骑车经过一段土路才能到达。"好啊！"大女儿大声说。这是她们俩第一次骑车去约翰逊家，于是我给约翰逊太太发信息，告诉她两个女孩要去，如果她家的男孩们不愿意一起出来玩，请她把两个女孩送回来。

　　其实，那也是约翰逊太太第一次给她家的男孩们自主权决定要不要出去玩。通过让孩子们享受这些简单的自由行为，我们为他们打开了一个全新的世界。让孩子们自我管理能解放他们的自我，让他们独立自主，而我和孩子们都为他们新培养出来的独立自主能力感到兴奋。从那以后，我的两个女儿开始自己骑自行车去其他朋友家里玩，也有越来越多的孩子骑车来我家玩。然后，他们又一起出门去探索，去石头坑，去小河里筑坝，或者在户外玩他们精心设计的游戏。于是他们的冒险旅途走得更远，游戏计划也更有创意。只是我得放下对陌生人的恐惧，克服担心孩子们受伤的心理，放手让孩子们出去玩。我不再需要规划每次郊游去哪里，每次游戏玩什么。

如果你想让孩子独立，克服父母与生俱来的担忧可能并不是最大的问题。孩子们独立之路上最大的问题可能是他们觉得无聊，或缺乏独立的能力。我听许多父母说起，即便他们让孩子在户外玩耍，孩子也不知道应该玩些什么。如果孩子们没有足够机会在户外练习玩耍，往往会缺乏独立玩耍的信心，没有创造性游戏所需的技能。这样，他们很快便会觉得无聊，想要回到室内，回到他们的舒适区里。

本章中，我会让你不再担忧孩子的无聊情绪，并学会培养孩子在户外环境中的创造性和独立性。我会为你提供具体操作方法，无论你住在郊区、乡村还是城市都用得上。

孩子独立玩耍的障碍首先是父母

克服担忧，放弃自己有责任不让孩子无聊的想法，这是培养孩子独立性的第一步。实际上，如果孩子们无聊，他们往往便会用富有想象力的游戏来发挥创造力。

担忧的父母

英国曾经的一项民意调查发现，53% 的受访父母将他们不愿让孩子独立在户外玩耍归咎于交通状况，40% 的父母担心陌生人会把孩子拐走，还有一些父母担心邻居觉得自己失职，或者担心孩子会受到伤害。大部分父母承认，如果看到更多孩子在户外玩耍，就会更愿意让自己的孩子也去户外玩耍。那么，你在担心什么呢？你是因为什么不让孩子自由地自行结交住在同一条街上的新朋友？

前文我们提到，与大多数人的印象不一样的是，这个世界与 20 世纪 80 年代的世界一样安全，很可能还比那时更安全。以下这些方法可以缓解你那些如影随形的担忧。

▶**请记住，从长远来看，现在独立意味着孩子将来会更安全。**
永远提醒自己，从长远来看，现在让孩子独立会增强孩子的各种能力，让他们学会更多知识，更能自力更生。

▶**别弄得太复杂。**一开始，不要做任何你觉得不舒服的事情。
先从鼓励孩子保持独立开始，比如孩子玩耍时鼓励他们待在外面，或是每次游泳时鼓励他们游远一点儿。这点我将在本章后面详细讨论。

▶ **观察和实践**。让你的孩子证明自己可以步行或骑行去邻居家。最初几次可以陪他一起去，然后在孩子不知情的情况下，从远处观察他玩耍的情况。有时候，只要看过孩子是如何独自处理问题的，你就能更放心地给他独立发展所需的空间。

▶ **对孩子给予明确指导**。明确说明你想让孩子什么时候回家；是可以步行出门，还是可以骑自行车，或者是否可以出去玩；是否要时不时报告行踪，多久和你说一次等等。这些问题，我都将在本章后面加以详细讨论。

让孩子无聊一会儿吧

你是否经常担心，如果孩子无聊就会捣蛋？又或者你会不会担心几个孩子之间会吵架，然后把你气疯？要相信，有这种想法的不止你一个人。很多父母给课后、周末和暑期安排了很多事情，确保孩子不闲着。我们为孩子安排游戏日，让他们报名参加运动，安排假期活动，送他们去露营，所有这些都是为了防止他们感到无聊。然而，正是这些让孩子们不无聊的活动妨碍了孩子们体验他们需要经历的东西，让他们无法保持独立，不能参与创造性户外游戏。

孩子需要时不时感到无聊，这样才能学习如何克服无聊之感，然后想出自己的游戏方法。孩子无聊时，我们总觉得应该让他们开心，于是塞给他们各种各样的活动，但事实却恰恰相反。请参考这些简单的小建议。

▶ **孩子需要感到无聊**。通常情况下，孩子需要无聊上一段时间才会从新视角观察物体，比如用树枝充作搅拌棒，或假装水坑是滚烫的岩浆。无聊会迫使孩子想出更复杂的游戏。

▶ **让孩子做白日梦**。如果给孩子们足够时间安安静静地思考，想想自己想玩些什么，他们便会想出些非常有创意的点子。

▶ **放弃先入为主的观念**。如果孩子们在漫无目的地四处走动，那就让他们去吧；如果他们坐着，静静看着什么东西，那就让他们坐着吧。有时，我们想要的"游戏"与孩子们脑海中的"游戏"并不相同。而且，孩子们在开始更有创意的游戏之前，还需要时间去探索和思考。

▶ **放开日常活动的安排**。让孩子们有机会通过安排日常活动来对抗无聊之感。管住自己，不要总在假期和周末安排活动。如果你总是把每个"空闲的"日子都安排得满满当当，那就尝试休息一天，不要给家人安排任何活动。例如，如果计划星期六去海滩，那就把星期日空下来，待在家里放松一下。

鼓励孩子保持独立

我们都希望孩子能在某个时刻独立自主，但在什么时候独立这一点上，不同父母的差异很大。有些父母一想到独立，便会自动想到孩子的青少年时期。他们会期望那时候的孩子能自己开车，开始第一份工作，选一条职业道路。然而，等到十几岁才鼓励孩子独立，对孩子来讲会造成巨大伤害。他们需要在小时候就学会独立。他们需要感受到自己有选择，在婴儿时期就应该能进行决策，培养做决策的能力。实际上，如果孩子小时候没有获得自由感，他们就会产生怨恨、焦虑等情绪，还会出现感官厌恶加剧、挑食和其他行为问题，因为他们总需要与父母争夺对自己的控制权。孩子们需要一些自然限制来感到安全，但也需要玩耍的时间和空间，而这些玩耍的时间和空间不应被成年人的担忧打扰，这样才能帮助他们茁壮成长。游戏的空间和时间是孩子们在户外独立玩耍的基础。

给孩子空间

给孩子自己的空间可能是父母最难做到的事情之一。我们太爱孩子了，只想把最好的都给他。我们希望见证他生命的每一刻，把他学会的每个新技能，每个重大进步都刻在脑海里，不想错过任何瞬间。然而，我们所有人都一样，都需要远离工作、繁忙的日程和人群的自我空间，孩子同样是如此，他也需要自己的空间。

如果没有父母时刻看管，孩子便会自己反思生活、玩耍、验证不同理论，然后从中获益。他需要从时刻被看管的生活中喘口气。我们要给孩子提供这样的空间，稍稍松开点手，后退一步。一开始可能很难，但随着孩子逐渐习惯这种生活，你会发现，你和孩子都会觉得舒服。

让孩子有自己玩耍的机会，让他自己制订玩耍计划，这点非常重要。如果我们总觉得我们得跟孩子一起玩，他就很可能会依赖我们的指导和支持才能发挥想象力。不过，如何为孩子提供空间呢？第一，要知道孩子当下的年龄是否需要自我空间。第二，要确定如果要给孩子提供自我空间，他应该具备什么能力。第三，要确定什么样的空间合适。你可以根据居住场所的不同，对以上这些步骤加以改造。接下来，我举几个例子，讲讲打造"自由空间"需要考虑些什么。

后院

和孩子一起到后院去，你只要在一旁待着就可以。孩子探索四周环境、在外面玩耍时，如果你在场，他会觉得安心。你可以利用这个时候处理户外的家务。接下来，我举几个带孩子在后院玩耍的例子。

▶ **开垦一个菜园。**家里有了个菜园，孩子就可能会用小铲子挖土，甚至找到虫子。他最后可能会去探索附近树上的一个洞，或者翻开石头看下面有没有虫子，而这便是独立玩耍的开始。

▶ **修剪灌木丛**。修剪灌木时会有很多树枝，孩子可能会用这些树枝搭建一座堡垒或小桥，又或者把这些小树枝想象成什么别的东西（如一根小树枝可能会变成一根老巫师的拐杖，或是一个可以用来挖恐龙骨头的小工具）。

▶ **把树叶**。把树叶耙在一起装进垃圾桶时，一定要给孩子留下一堆用来探索。他可以把自己埋进树叶堆里，把叶子扔到空中，或跳进树叶堆里。他会在你干活的时候学会独立。

▶ **时不时玩个游戏**。让孩子独立探索后院时，你可以和他一起玩，尤其在一开始的时候。你们可以一起摔跤、荡秋千或者玩接球，花点时间和孩子一起玩能展示你顽皮的一面，也可以帮助你在更深层次上与他建立联系。

▶ **一起建点东西**。让孩子在院子里研究他想建些什么，然后一起动手。如果孩子参与了设计和建造的过程，就更有可能使用它们。

▶ **在户外干点小活儿**。如果你最近在织些什么东西，或制作剪贴簿①，可以把这些工作带到户外去做。孩子在院子里玩耍

---

①剪贴簿是由生活日志、照片、花饰等组合而成，用来保存个人和家庭生活点滴的记录形式，起源于欧洲人的剪报习惯。——译者注

时，你也可以在院子里工作。

公园

对于在城里长大的孩子来说，公园可能是他们小时候培养独立玩耍能力的好地方。一开始，你得在孩子玩耍的时候待在他附近。孩子会自己探索周围世界，你也不用做什么，只要待在那儿，在他需要的时候给他信心与安慰。接下来几点是在公园里培养孩子独立性时需要注意的。

▶ **寻找自然环境。** 尽量找自然元素丰富的地方，比如有水、泥土、草地或森林的地方，这样可以给孩子提供探索的空间。

▶ **带本书读。** 孩子在附近的树林里玩土的时候，你可以读书，或织点什么东西。给自己一些时间，慢慢克制自己，不要总是盯着他看。

▶ **带其他孩子一起。** 带其他孩子一起来玩，可以让你自己的孩子在新的情境或环境中更独立地玩耍。

▶ **在水边玩耍时要离孩子近一点儿。** 如果你带孩子在湖泊或小河边玩耍，一定要在孩子身边看着他。等他长大一些，你可以离他远一点。但在水边玩耍时，永远把孩子放在视线以内，这点非常重要。

街道

　　等到孩子长大些，大约 9 岁，能认清楚基本方向了，他就可以散步、骑自行车，或踩着滑板到邻居家去，也可以和朋友一起去附近的商店。出门前先把规矩定好，让他知道街道上的基本规则。以下这些建议有助于保证孩子们在街道上的安全，增强他们独立出门的能力。

▶ **教他们辨认方向的基本技能。**教会孩子如何在社区或城市街道上不迷路。

▶ **明确告知交通标志的含义。**教会孩子不同的交通标志代表什么含义，看到这些交通标志时应做些什么。

▶ **先练习。**和孩子多练习几遍过马路和认路，直到他知道应该做什么，有能力自己做，同时知道怎样做才是安全的。

▶ **明确限定边界。**在孩子出门之前，明确告诉他活动边界。比如，你可以说："托尼的家或图书馆就是边界，边界外就不准去了。"

▶ **考虑给孩子带个通话设备。**有了通话设备，无论孩子想去哪儿、到达目的地还是在回家的路上，你都可以跟孩子交流。

▶ **和孩子一起吃饭。**让孩子回家吃午饭，你可以和孩子聊聊天。

▶ **让孩子和你报备。**孩子到朋友家的时候跟你报备，或者几小时和你报备一次。

▶ **与其他孩子一起出门。**确保有兄弟姐妹或一两个朋友和他一起出门，以免孩子一人意外受伤，或需要他人帮助时无人求援。

▶ **带上零食和水。**在小背包里装上零食和水，孩子可以很轻松地背在身上，或者在自行车上装个篮子来带这些东西。零食和水会给孩子补充体力和水分。

▶ **教会孩子出门的一些"小技巧"。**比如：

- 哪些地方不要去，为什么；
- 什么时候能和陌生人说话；
- 如果需要寻求陌生人的帮助，应该先去找谁；
- 如果走丢了该怎么办；
- 如果遇到麻烦了该怎么办；
- 如果受伤了该怎么办；
- 永远不要上陌生人的车，也不要跟陌生人走。

培养独立能力要从小事开始。让孩子骑自行车到邻居家，从那里再往外探索。每个孩子都是不同的，有的孩子还没准备好独立行动，在他准备好之前，先教给他上面那些"小技巧"，并陪他一起出去。在你确定他能成功认路之前，可以让他练习几次。这些简单的办法可以帮助孩子学会如何轻松自信地在社区里活动，或在其他更多的城市街道里活动。

树林

　　如果你足够幸运，家附近正好有个小树林，那么你便有了一个可供孩子玩耍探索的好地方。前文提到过，在树林里玩耍能让孩子感到平静，还能激发他们创造性游戏的灵感。枝繁叶茂的地方十分迷人，能点燃孩子的想象力，让孩子远离成人世界。以下这些小建议有助于保证孩子在树林中的安全，从而培养他们独立出行的能力。

▶ **一开始和他一起去。**就像去后院、公园或其他城市里的地方一样，开始你可以和孩子一起去，陪在他身边。孩子在树林里玩耍时，你可以带本好书来读。

▶ **捡拾树枝。**孩子在树林里玩耍时，你可以从地上捡小树枝，在孩子探索树林时找点事干。同时，如果这片树林是你的，你还可以通过捡拾树枝走到更远的地方，促使孩子也跟着你到更远的地方探索。

▶ **允许孩子漫游。**孩子越长越大，能力也越来越强，越来越独立，越来越成熟。这时，我们可以给他们更多空间，考虑让他们离开你的视野，倾听他们的声音，偶尔在他们不知道的情况下看看他们在做些什么即可。

▶ **和朋友一起探索。**最后，如果你住在离树林近的地方，且你

的孩子完全知道如何进出这片树林，你可以让他和兄弟姐妹或
朋友一起去。

▶ **做指示标记。** 在树林中做指示标记非常重要，这样孩子就不
会在树林里迷路了。可以用明亮的指示贴来标记走过的路，或
用树林里的东西沿途做标记。

▶ **把危险的动植物指给孩子看。** 要教会孩子避开那些危险的动
植物，这点很重要。

▶ **明确说出你的要求。** 让孩子回家吃午饭，或者带上通话设备。
关键是要知道孩子的能力边界在哪里，也要知道在一开始应该
采取什么措施，才能确保你能接受他出门独立玩耍。

给孩子时间

另一种培养独立玩耍的方式是给孩子足够时间在户外活动。理想情况
下，孩子应该每天有两三小时连续玩耍的时间。

在 TimberNook，我们给孩子足够的时间玩耍而不去打扰他们，在短
时间内，有时在一星期内，孩子们的玩耍方式就会发生显著变化。刚开始
的几天，孩子们通常会用最简单的方式玩耍。他们四处走动，探索周围环
境。通常情况下，他们会排队玩秋千，或者尝试爬树。他们会寻找青蛙，

还会去试试绳梯。他们总是来问我们下一步安排是什么，想保证自己能参与不同活动，比如玩树枝或爬到大石头上。

但过了几天，可能是周中，对某些孩子来说可能会到周末，他们开始进行更有创造性、更独立的游戏，对于新来到 TimberNook 的孩子来说尤其如此。每年都来的孩子往往能更快地参与到独立游戏中。夏令营刚开始的时候，他们就开始玩那些规则复杂的游戏了。

我们还注意到，在孩子们来露营的头几天，他们要花上 45 分钟才能进入"深度"游戏。深度游戏不仅是对自然的探索，还是有目的地开展游戏。孩子进入深度游戏之后，就会主动选择玩伴，选择自己要玩些什么，知道自己要扮演什么角色，也已经规划了游戏安排。在 TimberNook，我们甚至用耳朵就能知道他们什么时候开始深度游戏，因为那时候树林里会变得安静祥和。孩子们分散在整个树林里，专注于自己的游戏计划。

随着时间推移，孩子们会以更快的速度进入深度游戏，直接进入角色开始游戏。然而，要想进入深度游戏，孩子们需要时间、耐心，还需要成年人后退一步，给他们自主权。深度游戏需要合适的环境，还需要孩子们有足够机会来练习这些技能。

你是否觉得，让孩子每天增加 45 分钟不受打扰的户外活动会很困难？以下这些建议可以帮助你每天腾出更多时间。

▶ **放学后玩耍。** 允许你的孩子放学后立刻自由玩耍。如果课后有必须参加的课程或体育活动，尽量把它们安排在晚些时候，或者周末。

▶ **早上起来玩耍。** 很多父母会允许孩子在早晨上学之前看一会儿动画片，这段时间也可以利用起来，让他们到户外玩耍。

▶ **在周末腾出时间玩耍。** 周末两天，找一天和家人一起待在家里。孩子在户外玩耍的时候是你做家务的好时候。

▶ **重新考虑课间活动。** 与学校管理人员和老师一起商量，能不能延长课间休息，或者增加课间休息次数。前文讲解了课间休息对儿童发育的重要性，还介绍了如何才能让课间休息时间变成孩子的最佳游戏时间。

邀请朋友一起来玩

孩子和其他孩子在一起时，自然而然会激励彼此。在我两个女儿身上，我经常观察到这一点。我两个女儿在家时大多会在院子里玩，有时，她们会在泥坑里玩，但大部分时间在玩秋千、滑滑梯、骑自行车。如果有朋友来，他们会一起走得更远，去树林里玩耍，修建水坝，玩更有创意的游戏。你知道如何让更多孩子参与进来一起玩耍吗？以下是一些简单的建议。

▶ **规划一整天的玩耍时间。**让孩子们来家里玩上一整天，这会
  让他们有足够时间感到无聊，一起吃饭，探索，想象，创造新
  的游戏机会。

▶ **允许孩子四处漫游。**让孩子骑车去朋友家，这也会促使其
  他家庭让孩子骑车出来玩，这样孩子们就可以一起走得远
  一点儿。

▶ **寻找志同道合的父母。**找到那些也愿意让孩子在户外玩耍、
  鼓励孩子独立自主的父母。他们的孩子更容易自信地在户外玩
  耍，也可以反过来激励你的孩子。

▶ **设立家庭"开放日"。**一个月或一个星期选一天，让其他孩子
  不用提前打招呼就可以过来玩。或者你也可以一直保持开放，
  哪种策略适合自己，就可以选用哪种策略。

利用环境来激励孩子

　　另一种激发创造性游戏和独立玩耍的方式，是提供元素丰富、能激发
灵感的环境。环境中如果有各种丰富元素，比如可供探索的溪流、泥泞的
水塘，或者可以在里面玩耍的树林，就能以不同方式丰富孩子的玩耍方
式，刺激孩子的感觉系统。以下这几个例子说明了游戏方式可以如何根据
环境的变化而变化。

▶ **在小溪附近玩耍。**溪流可以激励孩子建造一座"大坝",或者搭桥来过河,孩子也可以建造一些"船"来顺流而下。

▶ **在海滩上玩耍。**在海边玩耍,孩子经常会在海滩上建造沙堡或者雕塑。

▶ **在树林里玩耍。**在树林里玩耍时,孩子可能会捡起大一点儿的树枝来建造堡垒,或者用小树枝搭起一个仙女屋。

▶ **在泥坑附近玩耍。**孩子在泥坑附近玩耍时,可能会去找青蛙,用泥巴捏个雕塑,赤脚踩在泥坑里面,建起一座小桥,在泥水中放一个漂浮玩具,或把东西扔进去看它溅起水花。他们甚至可能会趴在泥坑里滑来滑去。

松散性材料

为了进一步提升孩子的创造力,你可以在上面讨论过的场景中,或者自家后院准备好松散性材料。

▶ **不要使用塑料或儿童玩具。**这些玩具通常会让孩子落入既定游戏的窠臼,而我们的目的是让孩子发挥想象力,利用他们平时不会玩的东西玩耍。

▶ **给他建筑材料。**木板、轮胎、旧软管、木片、几块布料和小棍，这些东西通常能激发孩子的想象力。例如，孩子可以用这些东西来建个房子，然后用平底锅、贝壳和篮子这些玩过家家。

▶ **逛逛二手市场**。在家庭车库工场或是旧货店里总会有些物美价廉的"宝藏"。在里面找找不锈钢勺、饼盘、凉水壶、金属托盘、篮子或人造珠宝等等。允许孩子使用成年人才能使用的东西会让他们很兴奋，还能促使他们开发出新的玩耍方式。这些东西可以重复使用，一直用到坏。

▶ **更换松散性材料**。经常更换孩子玩耍的东西，这会给他们一些新的想法，重新找到他们想要玩的东西。

▶ **保持安静**。放置这些松散性材料时，尽量不要告诉孩子。让孩子自己决定他们想如何使用这些东西。不要用自己的想法来限制他们的游戏，以免孩子对我们的想法和理解产生依赖。松散性材料的意义就在于激发孩子的独立性和创造思维。他们可能会想出某个我们永远不会想到的东西。我们只要找个地方远远看着他们玩耍就可以。

简单点，再简单点

保持简简单单的游戏环境十分重要。有时，太多的设备，甚至太多松散性材料都会让孩子分心，超过他们的处理能力，让他们无法发挥创造力，无法进入深度玩耍阶段。这里，我给你一些维护游戏环境的建议，这些建议同时也能帮助你在自家后院培养孩子的游戏创意。

▶ **扔掉后院里那些巨大的游乐设施。**大型游乐设施经常会成为孩子关注的焦点，阻止孩子在院子里的其他地方玩耍。

▶ **提供一些设备。**在后院分布几件游戏设备，鼓励孩子探索这些区域。

▶ **选择能提供刺激又简单的设备。**在自然形成的斜坡上放一个长长的不锈钢滑梯，再在院子的另一边放架绳索秋千或是轮胎秋千，所有年龄段的孩子都可以用。

▶ **挖个沙坑。**院子里有些沙子和泥土总是好的，因为沙子和泥土会促使孩子在玩耍的同时发展感觉系统。在后院安装一个井泵也是个有趣的选择。泥和水能发展孩子的创造力。孩子喜欢把水抽到大小不同的容器里，而且沙子旁有水源的话，他们经常会把两种物体混合起来，创造出泥汤、泥饼等混合物。

▶ **松散性材料。**后院里可以放一些松散性材料，还可以经常更换，这会激发他们的灵感。把大块松散性材料（比如木板、轮胎或砖头）留在院子里，而小块松散性材料一次只放少量。

理念总结

　　在鼓励孩子主动独立出门玩耍的过程中，克服我们自身的担忧之感是第一步。如果孩子每天都有足够时间自由玩耍，在激发想象力的户外环境中探索，他们的主动性会增强。

　　要想将独立自由玩耍融入孩子的生活中，首先要准备松散性材料、吸引人的环境，然后你自己也不能干扰孩子的独立游戏过程，不要分散他的注意力。慢慢走出孩子的游戏过程，慢慢减少院子里的松散性材料，你的孩子会越来越独立，越来越有创造力。久而久之，孩子对大人在场的需求、对松散性材料的需求都会减少。很快，孩子就可以在没有提示或没有刺激的环境中自己想出游戏方案了。我们的目标是让孩子获得完全独立，养成创造性思维、开放性思维。这些能力将在未来几年帮助孩子成长为强大、自信又有能力的人。

　　本书开启了我人生阶段的新篇章。我要感谢我的经纪人斯蒂芬妮·冯·博斯特尔（Stefanie Von Borstel），感谢她的明智建议，感谢她比任何人都更早看到了本书的潜力。我还想感谢我的编辑玛丽萨·索利斯（Marisa Solís）。她视角独特，建议中肯，因为有她的建议，本书才最终得以产出。感谢新先驱出版公司（New Harbinger）梅莉萨·柯克（Melissa Kirk）的及时支持，还要感谢朱莉·贝内特（Julie Bennett）、杰西·伯森（Jesse Burson）、布丽奇特·金塞拉（Bridget Kinsella）、尼古拉·斯基德莫尔（Nicola Skidmore）、詹姆斯·莱斯伯里（James Lainsbury），以及新先驱出版公司的其他成员。希拉雷·鲁滨逊（Hilaree Robinson）、杰里米·鲁滨逊（Jeremy Robinson）、杰茜卡·卡洛尼（Jessica Carloni）和迪伊·迪伊·德巴尔特洛（Dee Dee Debartlo）在整个出版过程中也提供了编辑支持，给出了宝贵建议。

　　感谢我的朋友尼希亚·法里亚（Nichia Faria）医生，她不仅是我的朋友，还和我就当前的儿童健康问题展开了广泛讨论。感谢所有父母，感谢我观察和采访到的小学和中学老师，是你们给了本书生命，你们也是我写本书的初衷。同时，我也非常感谢爱丽丝·巴赫拉克（Elyse Bachrach）、史蒂夫·伦纳（Steve Renner）、莫莉·威尔逊（Molly Wilson）、米莉萨·加斯（Millissa Gass）、梅甘·瑟伯格（Megan Thunburg）、梅甘·沙普尔斯（Megan Sharples）、斯科特·维莱纽夫（Scot Villeneuve）、蒂姆·库克（Tim Cook）和戴夫·昂德希尔（Dave Underhill），感谢他们对 TimberNook 的不懈支持和帮助，实现了本书的使命。此外，十分感谢理查德·洛夫（Richard Louv）对我工作的启发和慷慨支持。

我尤其要感谢我的丈夫，保罗·汉斯科姆（Paul Hanscom）。他从一开始就相信本书的理念，相信 TimberNook。感谢你始终如一的爱、支持和指引。没有你，就不会有这本书，不会有 TimberNook。我也非常感激我慈爱的父母，他们在我很小的时候就教我要有梦想。他们爱我，支持我的每一次努力。非常感谢我的婆婆休·汉斯科姆（Sue Hanscom），她更像是我的朋友。谢谢您不断的鼓励和提醒，让事情变得简单。最后，感谢我的两个女儿，她们既是我最初的灵感来源，也是我最忠实的支持者，每天都让我的生活充满欢乐。

未来，属于终身学习者

我这辈子遇到的聪明人（来自各行各业的聪明人）没有不每天阅读的——没有，一个都没有。巴菲特读书之多，我读书之多，可能会让你感到吃惊。孩子们都笑话我。他们觉得我是一本长了两条腿的书。

——查理·芒格

互联网改变了信息连接的方式；指数型技术在迅速颠覆着现有的商业世界；人工智能已经开始抢占人类的工作岗位……

未来，到底需要什么样的人才？

改变命运唯一的策略是你要变成终身学习者。未来世界将不再需要单一的技能型人才，而是需要具备完善的知识结构、极强逻辑思考力和高感知力的复合型人才。优秀的人往往通过阅读建立足够强大的抽象思维能力，获得异于众人的思考和整合能力。未来，将属于终身学习者！而阅读必定和终身学习形影不离。

很多人读书，追求的是干货，寻求的是立刻行之有效的解决方案。其实这是一种留在舒适区的阅读方法。在这个充满不确定性的年代，答案不会简单地出现在书里，因为生活根本就没有标准确切的答案，你也不能期望过去的经验能解决未来的问题。

而真正的阅读，应该在书中与智者同行思考，借他们的视角看到世界的多元性，提出比答案更重要的好问题，在不确定的时代中领先起跑。

湛庐阅读App：与最聪明的人共同进化

有人常常把成本支出的焦点放在书价上，把读完一本书当作阅读的终结。其实不然。

时间是读者付出的最大阅读成本

怎么读是读者面临的最大阅读障碍

"读书破万卷"不仅仅在"万"，更重要的是在"破"！

现在，我们构建了全新的"湛庐阅读"App。它将成为你"破万卷"的新居所。在这里：

● 不用考虑读什么，你可以便捷找到纸书、电子书、有声书和各种声音产品；

● 你可以学会怎么读，你将发现集泛读、通读、精读于一体的阅读解决方案；

● 你会与作者、译者、专家、推荐人和阅读教练相遇，他们是优质思想的发源地；

● 你会与优秀的读者和终身学习者为伍，他们对阅读和学习有着持久的热情和源源不绝的内驱力。

下载湛庐阅读 App，
坚持亲自阅读，
有声书、电子书、阅读服务，
一站获得。

CHEERS

本书阅读资料包
给你便捷、高效、全面的阅读体验

本书参考资料

☑ **参考文献**
为了环保、节约纸张，部分图书的参考文献以电子版方式提供

☑ **主题书单**
编辑精心推荐的延伸阅读书单，助你开启主题式阅读

☑ **图片资料**
提供部分图片的高清彩色原版大图，方便保存和分享

相关阅读服务

☑ **电子书**
便捷、高效，方便检索，易于携带，随时更新

☑ **有声书**
保护视力，随时随地，有温度、有情感地听本书

☑ **精读班**
2~4周，最懂这本书的人带你读完、读懂、读透这本好书

☑ **课　程**
课程权威专家给你开书单，带你快速浏览一个领域的知识概貌

☑ **讲　书**
30分钟，大咖给你讲本书，让你挑书不费劲

著作权合同登记号：图字：01-2023-2088

版权所有，侵权必究
本书法律顾问　北京市盈科律师事务所　崔爽律师

图书在版编目（CIP）数据

让孩子去野 / （美）安吉拉·J. 汉斯科姆著；乔迪
译. -- 北京：中国纺织出版社有限公司，2023.6（2025.4重印）
书名原文：Balanced and Barefoot
ISBN 978-7-5229-0496-2

Ⅰ．①让… Ⅱ．①安… ②乔… Ⅲ．①儿童—体育锻
炼 Ⅳ．①G806

中国国家版本馆CIP数据核字 (2023) 第063019号

责任编辑：刘桐妍　　责任校对：高　涵　　责任印制：储志伟

中国纺织出版社有限公司出版发行
地址：北京市朝阳区百子湾东里 A407 号楼　邮政编码：100124
销售电话：010—67004422　传真：010—87155801
http://www.c-textilep.com
中国纺织出版社天猫旗舰店
官方微博 http://weibo.com/2119887771
天津中印联印刷有限公司印刷　各地新华书店经销
2023年6月第1版　2025年4月第2次印刷
开本：710×965　1/16　印张：15
字数：176千字　定价：89.90元

凡购本书，如有缺页、倒页、脱页，由本社图书营销中心调换